Guía
Museo y
Barrio del Foro Romano
Molinete
Cartagena

Ayuntamiento
Cartagena

CARTAGENA PUERTO
DE CULTURAS

edit.um
Ediciones de la Universidad de Murcia

Campaña de excavación del Edificio del Atrio durante en los años 2008-2009. La arqueología ha permitido recuperar un tesoro patrimonial que está en el germen del parque arqueológico del Molinete y enriquece el legado cultural de Cartagena.

((🔔)) ÍNDICE

Al llegar a Cartagena, ya sea por tierra o por mar, su paisaje urbano será lo primero que nos sorprenda. Una pequeña ciudad que se ha desarrollado en una antigua península o tómbolo, conectada a tierra firme por el este, por donde hoy día discurre la carretera a La Unión y la Estación del Ferrocarril. Su casco antiguo está circunscrito por cinco colinas que delimitan un valle en el que han habitado, superponiéndose en el tiempo, diferentes culturas. Al norte, este pequeño tómbolo estaba delimitado por una pequeña laguna interior, el Almarjal, donde en la actualidad se ubica el Ensanche urbano. Por el sur, se desarrolla la bahía del puerto en la que se ubica la Terminal de Cruceros y que está conectada con el antiguo Mar de Mandarache, hoy día Arsenal Militar.

Las cinco colinas que definen el paisaje urbano reciben el nombre de Molinete (*arx Hasdrubalis* o acrópolis de la ciudad), monte Sacro (Molok-Kronos), monte de San José (Aletes), monte de Despeñaperros (Hefesto-Vulcano) y monte de la Concepción (Asklepios-Esculapio), en cuyas laderas se construyó el teatro y el anfiteatro romano.

Esta guía se dedica al cerro del Molinete, que cierra la península por el noroeste y ha sido testimonio de un largo devenir histórico que invitamos a conocer a través del Museo y Barrio del Foro Romano.

(1) Infografía con recreación de Carthago Nova en el siglo I.
(2) Vista aérea de la Bahía, el Arsenal y, al fondo, el Molinete.
(3) Vista cenital del cerro del Molinete en el año 2021.

EL CERRO DEL MOLINETE: UN BARRIO RESILIENTE

El cerro del Molinete y su entorno ha sido a lo largo de más de 2200 años uno de los elementos que han caracterizado el paisaje urbano de la ciudad de Cartagena desde la Antigüedad. Es un área urbana versátil, con gran capacidad para adaptarse a nuevas situaciones y albergar diversas realidades políticas, sociales y económicas. La suya y la de Cartagena han sido una historia de resiliencia urbana entendida como la capacidad de una ciudad para resistir, absorber, adaptarse y recuperarse de los efectos adversos provocados por catástrofes naturales, conflictos armados o cambios políticos, sociales y económicos. Ello incluye la preservación, reutilización y restauración de sus funciones básicas y las estructuras a ellas asociadas.

La evolución urbana del cerro del Molinete va de la mano de la Historia de la ciudad. La colina ha conocido momentos de esplendor en la Antigüedad, su abandono en la Edad Media y el bullicio de un barrio populoso y castizo en la Edad Moderna y Contemporánea, hasta llegar a convertirse en un problema urbano, con focos de marginalidad social y carencia de salubridad desde finales del XIX.

Entre 1965 y 1974 se acometió la demolición del barrio y se realizaron las primeras intervenciones arqueológicas, que establecieron los cimientos del actual proyecto de parque arqueológico que, puesto en marcha en 2007 por el Ayuntamiento de Cartagena, la Región de Murcia y la Fundación Repsol, está permitiendo recuperar la Historia y las historias vividas en este trozo de la ciudad durante más de dos milenios a través del Museo del Foro Romano. Molinete y los bienes de su parque arqueológico, llamado Barrio del Foro Romano.

EL MUSEO FORO ROMANO. MOLINETE

El Museo Foro Romano. Molinete es fruto de las decisiones que se tomaron en 2003 tras el descubrimiento de la sede del Senado romano (curia) de Carthago Nova en el solar donde debía ubicarse un centro de salud. El edificio proyectado para albergar estas instalaciones preservó los restos arqueológicos y permitió crear un espacio para su musealización y recuperar la volumetría del senado local de época romana.

Con la evolución del proyecto arqueológico del Molinete se hicieron necesarias unas instalaciones para mostrar a la ciudadanía los resultados del esfuerzo y trabajo realizado. Tras una profunda reflexión, se concluyó que el espacio destinado originariamente a la puesta en valor de la curia era el lugar idóneo para la creación del Museo Foro Romano Molinete, inaugurado en mayo de 2021 por el Rey de España.

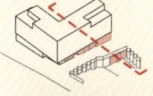

Secciones noroeste-sureste (1)
y suroeste-noreste (2)
del Museo Foro Romano. Molinete

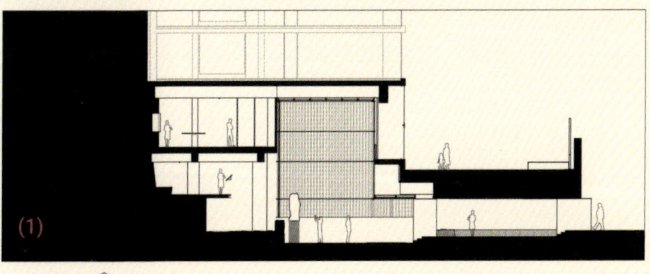

(1)

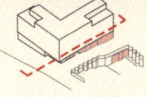

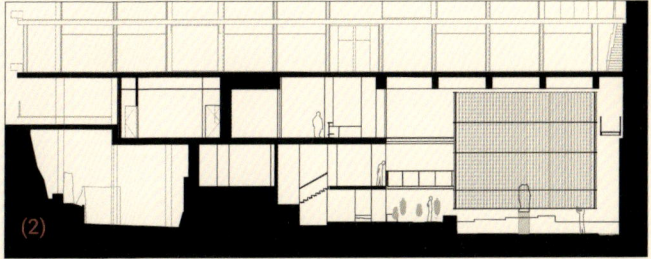

(2)

El museo tiene un **recorrido diacrónico inverso**, el cual sigue esta guía. Dicho recorrido se desarrolla físicamente en orden descendiente a través sus tres plantas, lo cual permite una inmersión en la historia de Cartagena. Entraremos desde el siglo XXI por la calle Adarve y descenderemos a través de los siglos y las salas del museo para conocer en la cota más baja el esplendor de Roma.

La planta 0, a través de su cuidada selección de materiales arqueológicos y una serie de recursos museográficos, permite comprender la historia del Molinete, su barrio y la propia Cartagena entre los siglos I al XX. Además, despertará la curiosidad y el interés por proseguir el viaje en el tiempo a través de las plantas -1, dedicada a Carthago Spartaria, y -2, centrada en Carthago Nova, en las que profundizaremos en algunos periodos importantes de la historia de Cartagena y del Molinete, hasta alcanzar el conjunto arqueológico del Barrio del Foro Romano.

Infografía del parque arqueológico del Molinete, con el Parque de la Acrópolis en la cima, el Museo Foro Romano. Molinete a la derecha y el Barrio del Foro Romano.

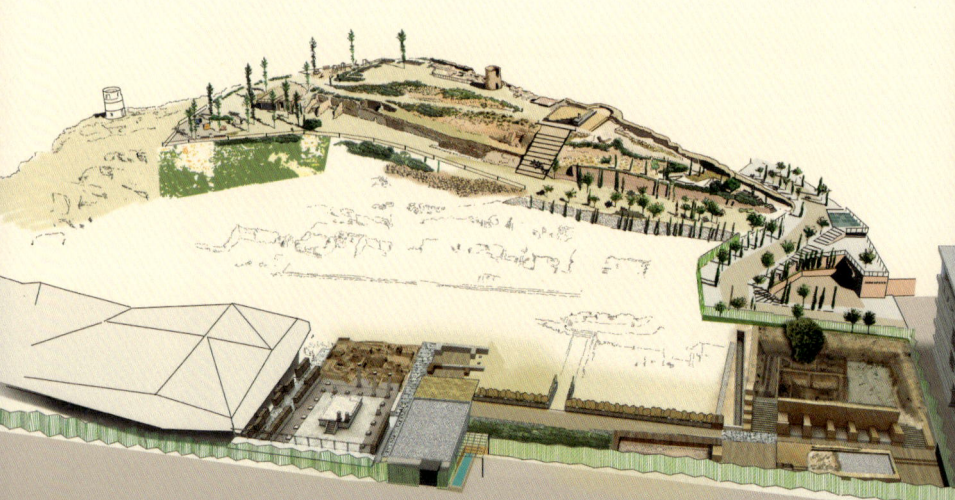

ADENTRÁNDONOS EN LA HISTORIA

Una vez que accedemos al museo, nos adentramos en la historia del cerro del Molinete a través del tiempo. La primera sala nos introduce en la historia del cerro y en el proyecto científico que ha permitido la puesta en valor de sus restos arqueológicos y la inauguración del Museo Foro Romano. Molinete. Desde aquí, accederemos a la primera sala propiamente dicha, denominada *De Cartagena a Carthago Nova*, donde se explica la historia del cerro del Molinete y Cartagena desde el siglo XX al I mediante piezas de alto valor histórico y patrimonial dispuestas en cinco vitrinas y cuatro traseras de forma semicilíndrica.

HISTORIA DEL MOLINETE

SALA 0

Este espacio está presidido por un panel que muestra la topografía y el urbanismo de la ciudad romana de Carthago Nova en tonos grises y blancos superpuestas al plano actual de la ciudad de Cartagena en color broncíneo. La sala se complementa con una maqueta circular del Molinete que muestra el urbanismo y los principales hitos arquitectónicos del cerro en tres épocas históricas: romana, moderna y contemporánea. Además, un audiovisual narra la evolución histórica del Molinete y su entorno desde la fundación de la ciudad en época bárquida hasta la actualidad. Frente de estos elementos y al pie de una gran vitrina, que a modo de escaparate invita a adentrarse en el museo, se explica en una serie de paneles el proyecto de investigación, conservación y socialización acometido en el parque arqueológico, así como sus antecedentes desde el derribo del barrio y las excavaciones arqueológicas acometidas desde los años 70 del pasado siglo.

PLANTA 0

SALA 1

DE CARTAGENA A CARTHAGO NOVA

CARTAGENA. SIGLOS XVI-XX

Desde los siglos VII al XVI el cerro del Molinete estuvo despoblado, quedando al exterior del recinto urbano. Será durante el reinado de Carlos I (1516-1556), cuando Cartagena adquirió gran valor para la monarquía hispánica al convertirse en una importante base naval en el Mediterráneo. El emperador favoreció las defensas de la ciudad y mandó construir un nuevo tramo de murallas que incluía el Molinete y los molinos harineros que coronaban su cima. Esta muralla, conocida como del Deán, se caracterizó por una serie de cubos artilleros circulares, algunos de los cuales todavía pueden contemplarse en el cerro. El interés de los Austrias por Cartagena y su defensa se tradujo en unas nuevas murallas de tierra apisonada y baluartes poligonales que fueron mandadas levantar por el rey Felipe II (1556 y 1598).

Aunque el Molinete se encontraba ya englobado dentro del recinto urbano, no fue hasta el siglo XVIII cuando comenzó a ocuparse por los numerosos inmigrantes venidos a trabajar en la construcción del Arsenal, la muralla de Carlos III y otros equipamientos militares relacionados con las políticas reformistas de los Borbones. El cerro se convirtió entonces en un barrio de calles estrechas y sinuosas en las que habitaban gentes humildes que convivieron con prostíbulos y edificios como la ermita de San Cristóbal, instalada en un antiguo molino harinero remodelado y dedicado a su patrón por la cofradía de los ciegos. A partir de finales del siglo

Protectorado púnico en Iberia | República romana tardía | Alto Imperio romano | Bajo Imperio romano | Periodo tardorromano | Provincia bizantina de Spania | Temprana Edad Moderna | Plena Edad moderna | Edad Contemporánea

Ss. III a.C. | Ss. II-I a.C. | Ss. I-II | Ss. III-IV | S. V-VI | Ss. VI-VII | Ss. XVI-XVII | S. XVIII | Ss. XIX-XX

XIX, el cerro del Molinete se convirtió en el barrio chino de la ciudad, donde al abrigo de la soldadesca y la marinería hubo bares como *El Gato negro*, cafés cantante como *El Trianón* y burdeles como los regentados por *La Galatea* y Caridad *la Negra*. Este carácter se mantuvo a lo largo de casi todo el siglo XX hasta la demolición sistemática del barrio en la década de los años 70.

Vista aérea de la Plaza de San Francisco y del cerro del Molinete (derecha) en las primera décadas del siglo XX. Obsérvese el grado de abandono y destrucción del barrio construido en el cerro.

Recipiente elaborado con una esmerada decoración para celebrar la boda de, probablemente, una joven pareja. Este tipo de jarras se documentan en diversos puntos de la geografía española. En la Región de Murcia existió una fuerte tradición en zonas alfareras como Lorca y Totana, y también en la vega de Murcia. El ejemplar cartagenero parece corresponder a las típicas jarras de la huerta de Murcia que, al contrario de las lorquinas, no están esmaltadas.

Las jarras o cántaros de la novia solían ser una pieza cerámica decorada que los hombres regalaban a sus prometidas, pasando a formar parte del ajuar de la novia, que la solía exhibir con orgullo. La tradición cuenta que durante la celebración del matrimonio el sacerdote, los novios y los padres de estos debían de beber el vino consagrado a través de los cinco pitorros sin derramar ni una gota. De este modo, quedaba bendecida la pareja.

En muchos casos, estas jarras solían incluir en el borde el nombre inscrito del matrimonio.

Tijeras despabiladeras
Bronce
Finales del siglo XIX

Estas tijeras despabiladeras o despavesaderas de bronce, con una de sus hojas fragmentadas, eran usadas para extinguir velas o candiles encendidos cercenando la pavesa, que es la parte quemada de la mecha o pabilo. Su uso es conocido desde antiguo, ya que son mencionadas en varias ocasiones en la Biblia. Sin embargo, su morfología moderna tiene su origen en el siglo XVI y han sido ampliamente usadas hasta la segunda mitad del siglo XIX, momento en que el uso de las velas fue desplazado por el de las lámparas de queroseno y parafina.

**Pareja de tazas de café
de "La Amistad"**
Porcelana
Siglo XIX

Estas dos tazas de café están elaboradas en loza fina en la fábrica de *La Amistad* de Cartagena. Este complejo industrial estuvo en funcionamiento desde su fundación en 1842 hasta su desaparición en 1893. A imagen y semejanza de *La Cartuja* de Sevilla, se dedicó a la fabricación de loza fina de mesa decorada, imitando las vajillas de porcelana procedentes de Gran Bretaña. La decoración consistía en motivos florales ornamentales y, en muchos casos, también figurativos.

La primera de las tazas está decorada con una escena de caza (1), algo bastante común en este tipo de producciones. En ella se puede ver a un grupo de hombres con rifles en posición de descanso y otro montando a caballo mientras disparan los rifles, es decir, una típica representación de montería. La segunda taza, también en loza blanca con decoración en negro, muestra una escena bucólica de tema amoroso (2) en la que se observa a un hombre vestido con atuendo de soldado decimonónico cortejando a una mujer en un paisaje campestre.

Antigua fábrica de loza de "La Amistad" en Roche (Cartagena).

Figura de belén
Terracota
Siglo XVIII

Esta pequeña figura de terracota polícroma evoca a un personaje masculino ataviado a la moda del Barroco del siglo XVIII. Su vestuario está compuesto por calzón, medias, fajín rojo, casaca, camisola, chorrera y guirindola, que es un pequeño volante de tela fina o encaje que decora la zona del cuello.

Tiene la cabeza algo sobredimensionada en relación al cuerpo y el rostro parece esbozar una sonrisa. El cabello está peinado con un recogido en la parte posterior y dos bucles a cada lado. Quizás se trata de una peluca al estilo de las empolvadas de la época.

Podría tratarse de una figura popular de belén. Estéticamente es similar a las del belén de la escuela de Quito conservado las Carboneras de Madrid, datado en el siglo XVII, aunque este está elaborado en madera polícroma y la figura que aquí se conserva es de barro cocido. El belén quiteño representa la tradición española y colonial previa a la introducción de la moda belenista napolitana durante el reinado de Carlos III, en la que las figuras son de vestir y tienden a ser más realistas.

Hidrocéramo
Cerámica
S. XVIII

Fragmento de la parte superior de un botijo de proceden-cia americana, en el que podemos observar la boca, el asa y una especie de pitorro. La decoración consiste en cordones aplicados y algunas incisiones transversales. En el asa destaca un motivo zoomorfo, probablemente la ca-beza de un murciélago, que no es fácilmente reconocible por su estado de conservación. Este motivo era bastante común en este tipo de producciones y podría representar algún tipo de ser mitológico o deidad precolombina que haya pervivido tras la conquista española. La decoración encaja con la utilizada por el taller de Puebla en México durante el siglo XVIII. En Cartagena encontramos otro botijo de estas características en el Museo Nacional de Arqueología Subacuática (ARQVA). Estas piezas y la ante-rior figurita de Belén ponen de manifiesto la apertura de la ciudad hacia el comercio americano durante el siglo XVIII.

Jarrita de producción local
Cerámica
Siglo XVIII

Se trata probablemente de una producción local cercana a Cartagena, de color ocre blanquecino determinado por haber recibido una sola cocción y por el tipo de arcilla que se usó en su elaboración, generalmente greda. El cuerpo globular está decorado con unas bandas horizontales de círculos cóncavos. Tiene el borde recto hacia arriba y se encuentra fracturado, y un pie circular decorado con una tira ondulada de cerámica aplicada rodeándolo. Conserva un asa fina de sección circular en uno de los laterales, con una tira ondulada de arcilla aplicada que lo decora de forma similar al pie.

Vitrina con conjunto de vajilla
Cerámica
Siglos XVI-XIX

En esta vitrina, configurada a modo de platera, se plasma cómo muchos de los cambios producidos en la España del siglo XVIII, como el ascenso de la dinastía borbónica, la plenitud del Barroco y Rococó o la difusión de las ideas de la Ilustración, también se dejaron notar en la sociedad y la economía de Cartagena, incluso en objetos de uso tan cotidiano como las vajillas de las gentes que habitaban el barrio del Molinete. El impulso borbónico dado a la base naval favoreció el aumento de población y una mayor demanda de estos bienes de consumo, que no pudo ser totalmente cubierta por los talleres alfareros de Hellín (Albacete) y Murcia. La loza catalana decorada en azul tuvo una amplia difusión durante toda la centuria, adoptando en sus series decorativas influencias estéticas muy variadas: desde los paisajes barrocos de inspiración italiana (serie de cintas) a las producciones de influencia francesa inspiradas por la fábrica de Alcora (Castellón) con su decoración floral.

SALA 1

CARTHAGO SPARTARIA. SIGLOS V-VII

Aunque durante el siglo V se produce el ocaso del Imperio romano de Occidente, las excavaciones arqueológicas de Cartagena han demostrado que la ciudad experimentó un nuevo momento de esplendor, manteniendo las reducidas dimensiones de la etapa precedente. Un floreciente comercio y una potente renovación urbanística definen este periodo, que en el Molinete se atestigua por unas edificaciones con cuidadas técnicas constructivas y el hallazgo de materiales procedentes de todos los rincones del Mediterráneo. A mediados del siglo VI, el Imperio Romano de Oriente –también conocido como Imperio bizantino– reconquistó el mediodía y sureste de la península ibérica en el marco de la *Renovatio Imperii* de Justiniano, que fueron una serie de reformas políticas, con el fin de recuperar los territorios perdidos y restaurar la grandeza del Imperio romano. En este contexto, Cartagena se nombró capital de la nueva provincia bizantina de *Spania* y pasó a denominarse como Carthago Spartaria. Esta condición generó una potente reactivación económica y mercantil, estableciéndose fuertes vínculos comerciales con el Mediterráneo oriental. A este proceso se asocia un nuevo impulso urbanístico que transformó completamente la ciudad tardorromana del siglo V, y en el caso del Molinete conllevó la creación de un barrio de carácter industrial y artesanal. Hacia el año 625 se registra un abandono que podríamos relacionar con la conquista de la ciudad por el rey visigodo Suintila, relatada por San Isidoro de Sevilla en sus *Etymologiae*. Tras la caída de Roma, el dominio visigodo en la ciudad no debió afectar a la población que continuó con sus costumbres y tradiciones. La colina quedó prácticamente despoblada y fuera del recinto amurallado durante toda la Edad Media.

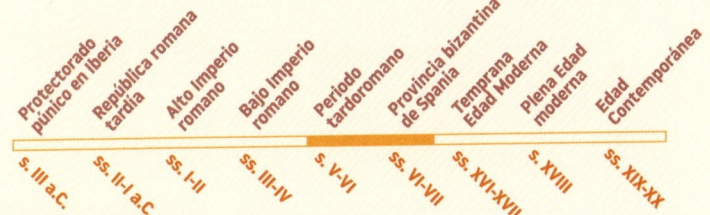

Cuencos
Vidrio
Siglos VI-VII

Este tipo de cuencos es uno de los más frecuentes en las vajillas de vidrio de los siglos VI-VII. De esta época, además de esta forma solo destaca en vidrio una copa de pie bajo que ha sido hallada con cierta abundancia en el barrio de época bizantina levantado sobre las ruinas del teatro romano de Cartagena.

La pieza tiene color verde azulado de gran transparencia, uno de los más característicos del momento junto al verde claro. Carece de cualquier tipo de decoración, lo que indica un uso puramente funcional propio de las producciones tardías. Esto no significa que no sean piezas de calidad mediana, aunque en su interior aparece repleto de burbujas y, en ocasiones, se dejan ver ciertas asimetrías fruto de una manufactura poco cuidada. Al parecer, casi todas estas piezas proceden de talleres modestos, como el que estuvo emplazado en el barrio de Benalúa de Alicante.

Jarra
Bronce
Siglos VI-VII

Su estado de conservación es muy bueno. Presenta única-
mente una fractura en el cuerpo, en el lugar en el que quizá
se situaba la única asa con la que debió contar el recipiente.
Sin embargo, no se aprecian restos de la presencia del asa
en el borde, que también carece de pico vertedor. Uno de los
elementos más característicos es su largo cuello cilíndrico.

Su decoración es prácticamente inexistente, a excepción
de las molduras cilíndricas situadas en su cuello y en la tran-
sición de este con el cuerpo. Entre sus paralelos podemos
citar una jarra tunecina del Museo del Bardo (Túnez), que
se ha datado a partir del siglo VI.

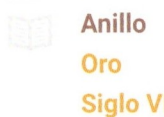

Anillo
Oro
Siglo VI

Este anillo de oro no ha conservado el aro y solo subsiste la montura, que estaba sustentada por dos parejas de personajes masculinos alados. La piedra que debía estar engarzada en el centro también está perdida. La montura está formada por una cazoleta de forma circular con fondo plano, paredes rectas y borde vuelto al exterior a modo de pequeña ala perpendicular a las paredes. En el interior de esta pieza hay una fina lámina dispuesta de manera circular que debió funcionar como engarce de una piedra. El borde exterior de este elemento estaba decorado mediante la técnica del granulado, es decir, el soldado de pequeñísimas esferas de oro a la lámina de base.

Las figuras que decoran la montura son personajes masculinos dispuestos con las piernas juntas y los brazos levantados. Sobre los hombros, a cada lado de la cabeza, se disponen unas pequeñas alas de forma ligeramente triangular. Estas figuras se encuentran desnudas por lo que no podemos identificarlas como ángeles, a pesar de que el anillo se fecha en una época en el que el cristianismo ya es la religión oficial. En consecuencia, deben tratarse de cuatro erotes o amorcillos típicos de la iconografía pagana romana.

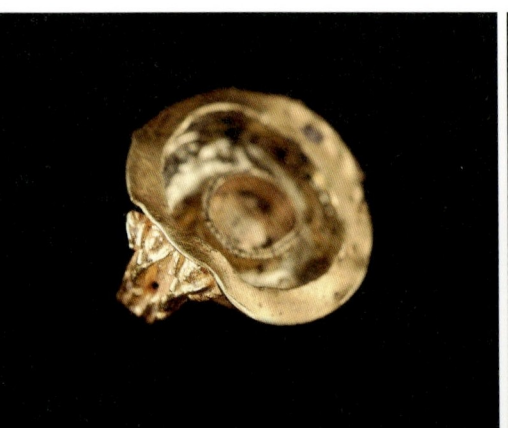

Ánfora de producción ibicenca
Cerámica
Siglos VI-VII

Esta clase de ánfora se produjo en Ibiza entre finales del siglo V y mediados del VII, con un punto álgido en su comercialización durante la segunda mitad del siglo VI. Se distribuyó por la costa mediterránea hispana, que abarca al menos desde la antigua Iluro (Mataró) a Malaca (Málaga), teniendo un jalón importante en el entorno de Valencia y Carthago Spartaria. Curiosamente, buena parte de los ejemplares comparte la abundancia de marcas incisas (*graffiti*), también observables en la pieza cartagenera. En esta destaca, además, un *titulus* pintado con el nombre *Georgius*, de tradición mediterránea oriental, aunque está escrito en grafía latina. Cabe reseñar que el ánfora conserva su primitivo cierre mediante en forma de opérculo o tapa de yeso.

**Lucerna africana con inscripción
alusiva al taller alfarero**
Cerámica
Siglos IV-V

A pesar de que la región tunecina era el gran centro productor y exportador del norte de África y monopolizaba prácticamente el mercado hispano, la zona argelina tuvo cierta cuota comercial con producciones cerámicas concretas, especialmente algunos tipos de lucerna como la de este caso. La inscripción en letras capitales grabadas en su superficie tiene la siguiente lectura: *EMITE LUCERNAS COLATAS AB ASSE*, que significa *comprad las lámparas finas de Assenes*. Este nombre corresponde al del individuo que regentaría el principal taller ubicado en la localidad de Tipasa (Argelia). Normalmente los alfares no usaban este tipo de inscripciones, sino que colocaban el sello del alfarero (una breve inscripción o una marca incisa) en la base de la pieza.

SALA 1

CARTHAGO NOVA. SIGLOS III-IV

A finales del siglo II, el Imperio romano entró en un periodo de inestabilidad política y económica que influyó en ciudades como Carthago Nova. La ciudad conoció un periodo de crisis que afectó gravemente su tejido urbano, económico y social. Las instituciones dejaron de funcionar, interrumpiéndose los servicios públicos, y se abandonaron edificios significativos. Este declive supuso también un descenso demográfico que se tradujo en el abandono del sector oriental de la ciudad. La población se concentró en torno al área portuaria y la vaguada situada entre los cerros de la Concepción y del Molinete. No obstante, los habitantes de Carthago Nova se esforzaron en sobreponerse a esta difícil situación. A lo largo del siglo III se realizaron distintas reformas y reparaciones en edificios y lugares emblemáticos como el foro colonial o el Edificio del Atrio, que en todo caso quedaron desprovistos del esplendor de etapas anteriores.

A finales de este siglo, hacia el año 298, el emperador Diocleciano elevó Carthago Nova al rango de capital de la nueva provincia *Carthaghinensis*. A pesar de esta distinción, no se realizaron grandes inversiones en edificios públicos, observándose cierto dinamismo económico y productivo ligado a la instalación de talleres de carácter artesanal. Estos cambios se han visto reflejados en la parte baja de ladera meridional del Molinete, principalmente en el denominado Edificio del Atrio, transformado ahora en una casa de vecinos y en cuya excavación se recuperó un importante y valioso repertorio material de uso doméstico y artesanal, en buena medida reutilizado de época del Alto Imperio (siglos I-II).

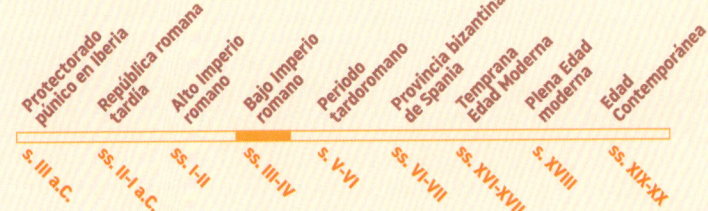

Infografía con reconstrucción hipotética del barrio de la ladera sureste del cerro del Molinete de Cartagena en el Bajo Imperio (siglos III-IV).

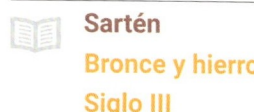

Sartén
Bronce y hierro
Siglo III

Sartén de forma oval con un mango plano de hierro que se une al cuerpo de bronce mediante un aplique broncíneo con perfil en S atravesado por un pasador. Este sistema de sujeción permitía que el mango se plegara totalmente sobre la sartén propiamente dicha, aunque en el otro extremo hay una argolla para poder colgarla.

La función de las sartenes en época romana no difiere de la que tiene en la actualidad, sirviendo principalmente para freír alimentos. Estaban realizadas en materiales resistentes como bronce, hierro o cobre, aunque también las hay en cerámica, como la del pecio submarino Escombreras 1 de Cartagena. Estos útiles de cocina no tenían una forma prefijada por lo que muestran cuerpos redondos u ovalados, así como mangos fijos o plegables, siendo los primeros mucho más numerosos.

Reja de ventana
Hierro
Siglos I-III

En la mayoría de los edificios de época romana la iluminación y ventilación se hacía principalmente a través de puertas que daban a atrios y peristilos. No obstante, también se abrían ventanas al exterior. La importancia de ambos tipos de vanos era tal que, en algunos textos legislativos, llegaron a estar reguladas las funciones que debían cumplir: iluminación, aireación y perspectiva visual hacia el exterior. Las ventanas que daban a la calle eran, en general, de pequeño tamaño por motivos de seguridad e intimidad. Cuando alcanzaban ciertas dimensiones y se encontraban en la planta inferior, se hacía necesaria la colocación de rejas como se puede observar en el *cardo* IV, *Insula* V, de Herculano (Italia). El ejemplar de reja hallado en el Edificio del Atrio corresponde a una ventana que, a modo de tragaluz, se situaba al mismo nivel que el enlosado de la calle –*cardo* I del Molinete–. Está realizado con barrotes planos, cinco horizontales y cinco verticales, entrecruzandos perpendicularmente. Los puntos de intersección están reforzados con remaches de hierro. Los extremos de los barrotes se doblan en ángulo recto para anclarse al marco de madera. Tiene 113 cm de altura y anchura, que son las dimensiones completas de la ventana.

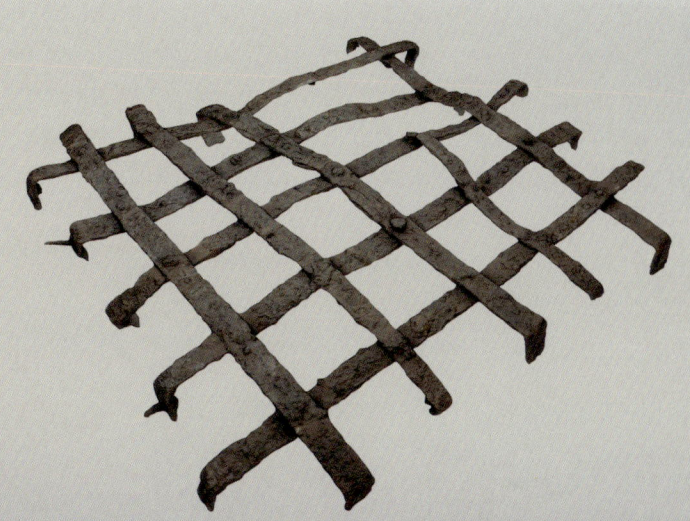

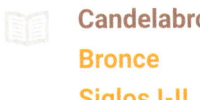

Candelabro
Bronce
Siglos I-II

Es posiblemente una de las piezas más bellas del Museo Foro Romano. Molinete. Este candelabro de bronce servía para la sustentación de lucernas y no para velas. Está compuesto por un plato metálico decorado con círculos concéntricos colocado sobre un vaso ricamente ornamentado, principalmente con elementos vegetales. Este objeto estaba preparado para encastrarse en un astil de madera o metal que se colocaba en el suelo. Aunque el hallazgo de candelabros no es habitual, se conocen multitud de ejemplos de época romana, sobre todo provenientes de las ciudades de Pompeya y Herculano.

Estas piezas tenían variadas formas y distintas decoraciones, pero en su mayoría están compuestos por tres elementos: el pie o base, el astil y el soporte superior. La base era un trípode con forma de zarpas de animal, separadas por hojas y palmetas. Los astiles podían ser lisos o estriados, aunque a veces se ornamentaban con discos o representaciones de figuras humanas o animales que parecían trepar por él. En cuanto a su longitud, dependía de si el candelabro estaba destinado a colocarse de pie en el suelo o sobre una mesa. La forma del soporte superior variaba según el tipo de iluminación usada: podía tener orificios o pinchos para antorchas o velas, respectivamente; brazos para colgar lámparas o, por último, un disco o plato para sustentar lucernas, que es el tipo más frecuente en época romana. La decoración de esta parte era muy variada y dependía del gusto y maestría del artesano.

Navaja
Hierro y hueso
Siglo III

Esta navaja tiene una hoja de hierro de filo recto y lomo curvo convexo. Su mango está formado por dos láminas o cachas realizadas en hueso que tienen forma triangular con los lados ligeramente convexos. Uno de sus extremos está decorado por un remate en forma de punta de flecha. El otro está rebajado para la colocación de una lámina de bronce a modo de virola. En este punto se encuentra el eje que une la hoja al mango y que permite que esta pueda guardarse entre ambas cachas. Las navajas en época romana tenían los mismos usos que en la actualidad. Su hallazgo no es común, pero se conocen diversos ejemplos, algunos muy similares al de Cartagena como una conservada en el *Museo Archeologico Nazionale* de Aquileia (Italia), del que se diferencia porque el remate del mango es de forma circular en vez de en punta de flecha.

Conjunto de bisagras
Bronce
Siglo III

Este conjunto de bisagras pertenece al tipo ramal o de paleta. Están realizadas en bronce con dos alas o paletas de forma trapezoidal, un orificio central y un pasador en forma de pirámide truncada que une ambas partes y funciona a modo de eje.

Este tipo de bisagras tiene diversos tamaños según las dimensiones del mueble al que pertenecían y fueron muy comunes en época romana. Ejemplos similares son habituales en Pompeya, aunque desconocemos a qué tipo de muebles pertenecían, pues la madera no perdura de igual modo que el bronce. Muchas de estas bisagras pudieron pertenecer a varios arcones situados en las diferentes salas del Edificio del Atrio, ya que fueron halladas por parejas, separadas cerca de un metro y muy cerca de los muros, lo que sugiere esta interpretación.

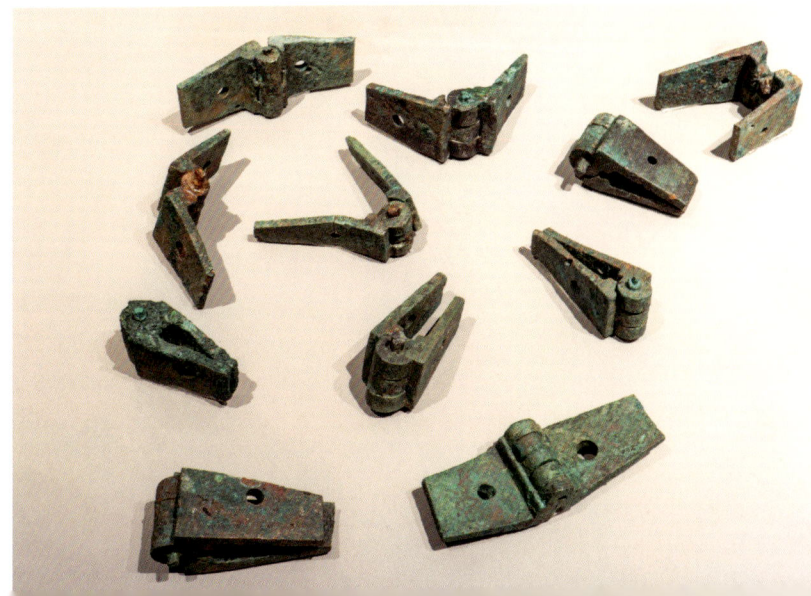

Cuadros con Apolo y las musas Terpsícore y Calíope
Pintura mural
Siglo I

En el centro de la sala podemos contemplar tres cuadros de pintura mural con Apolo y dos musas, que evocan un santuario dedicado a las musas o *Museion*. El conjunto está presidido por el dios Apolo (1) que sostiene en la mano izquierda una lira y apoya la derecha en la cabeza tocada con una corona de laurel. La parte inferior del cuerpo está cubierta por una vestimenta drapeada y calza sandalias. Frente a Apolo, contemplamos a Calíope (2), musa de la poesía épica, con la cabeza coronada; su mano derecha apoya en una pilastra y sostiene un texto escrito en forma de rótulo. Viste una túnica con cinto alto en tonos azul celeste claro y amarillo, cubierta por un manto en los mismos tonos. Por último, Terpsícore (3), musa de la poesía ligera y la danza, lleva una túnica de color rojo cubierta por un manto blanco, tiene la cabeza coronada y tañe con su mano izquierda una gran cítara.

Por la calidad de estilo y de la técnica pictórica, los cuadros se pueden paralelizar a numerosos testimonios conocidos en ciudades como Pompeya y Herculano. Se ha propuesto que fueron realizados por artesanos itálicos o formados en ese ambiente en el siglo I.

Las imágenes fueron halladas en una de las habitaciones del Edificio del Atrio y debían estar colocadas reutilizadas en la zona superior de las paredes. Esta no fue su posición original, sino que fueron extraídas de otro lugar, tal vez de otro edificio, y recolocadas en dicha estancia del Edificio del Atrio a inicios del siglo III, posiblemente porque los propietarios de este inmueble reconocían la calidad y antigüedad de las pinturas y querían preservar su uso y significado. Restos de estuco blanco perfilados por una línea negra están presentes en algunos de los bordes de los cuadros, a modo de marco moldurado para hacer creer que estaban pintados en la pared en vez de encastrados.

Apolo aparecía normalmente acompañado por las nueve musas. Sin embargo, solo se han conservado dos. Debemos

(1)

suponer que posiblemente durante el delicado trabajo de extracción y remontaje en el siglo III algunos cuadros pudieron perderse debido a la fragilidad del material sobre el que estaban pintados. Estos procesos de reutilización de pinturas no fueron extraños en época romana, y son conocidos tanto por los hallazgos arqueológicos como por textos antiguos.

(2)

(3)

Fragmento pictórico con *titulus pictus* alusivo al emperador Heliogábalo
Pintura mural
Año 218 (segundo semestre)

Esta inscripción pintada sobre estuco se encontró en una de las habitaciones del Edificio del Atrio. Se conserva solo la parte que contiene la datación consular con los nombres del emperador Heliogábalo y el senador *M. Oclatinius Adventus*. Las letras de color rojizo sobre un fondo blanquecino están delimitadas por bandas horizontales. El texto dice:

Imp(eratore) M(arco) · Aurelio · Antonino · Pio · Aug(usto) · et Advento·II c(on)s(ulibus)

Siendo cónsules el emperador Marco Aurelio Antonino Pio Augusto y Advento en el segundo de ellos.

La inscripción puede datarse entre el 8 de junio y el 31 de diciembre del año 218. Sabemos con tanta precisión la fecha inicial puesto que el 8 de junio es la fecha en la que Heliogábalo venció al emperador Macrino, asesino del emperador Caracalla, marcando el comienzo de su reinado y asunción de los correspondientes títulos imperiales. La fecha final también es exacta pues corresponde al momento en que Heliogábalo y Advento concluyeron su consulado, institución romana que duraba un año. En el caso del primero, solo ocupó el cargo medio año pues sustituyó a Macrino después de su muerte.

Este *titulus pictus* ha servido para fechar con precisión la reforma del Edificio del Atrio en la que se colocaron los anteriores cuadros de Apolo y las musas.

SALA 1

CARTHAGO NOVA. SIGLOS I-II

Los siglos I-II corresponden con la etapa de mayor auge de la cultura romana. A partir del Principado de Augusto da comienzo un largo periodo de prosperidad. El comercio se vio favorecido por las cada vez más seguras rutas de comunicación, lo que motivó el bienestar económico en todo el Imperio romano. Esta prosperidad se reflejó en Carthago Nova en la construcción de una nueva trama urbana, compuesta por amplias calles pavimentadas con losas poligonales, y de un importante conjunto de infraestructuras y edificios públicos y semipúblicos de carácter comercial, religioso, político y de esparcimiento propios de la capital del convento jurídico más grande de Hispania. La gran prosperidad y riqueza de la ciudad en este momento queda reflejadas en la cita del historiador Tito Livio cuando la definió como *urbs opulentissima omnium in Hispania*, es decir, la más opulenta de las ciudades hispanas.

Mientras que en la mitad oriental de la ciudad se construyeron grandes viviendas dotadas de jardines interiores (*domus*), en la parte occidental, junto al puerto, se concentraron grandes construcciones inspiradas en modelos de Roma, como el teatro construido a finales del siglo I a.C. Los grandes equipamientos que conocemos en el Molinete se fechan un poco más tarde, a lo largo del siglo I o inicios del II, cuando se erigieron edificios ricamente decorados como las Termas del Puerto, el Edificio del Atrio, el santuario de Isis y Serapis y el foro de la colonia, así como algunas *domus* de atrio situadas entre el foro y el santuario isíaco.

Protectorado púnico en Iberia — S. III a.C.
República romana tardía — SS. II-I a.C.
Alto Imperio romano — SS. I-II
Bajo Imperio romano — SS. III-IV
Periodo tardorromano — S. V-VI
Provincia bizantina de Spania — SS. VI-VII
Temprana Edad Moderna — SS. XVI-XVII
Plena Edad moderna — S. XVIII
Edad Contemporánea — SS. XIX-XX

Cabeza de divinidad femenina
Mármol blanco de Luni-Carrara
Finales del siglo I – primeras décadas del II

Esta cabeza perteneció a una escultura femenina y es una obra seriada que se incluye en el amplio conjunto de variantes y reelaboraciones de un tipo bien conocido de Venus creado quizás a finales del siglo IV a.C. en la escuela del escultor griego Praxíteles. Este modelo fue usado después en época helenística y romana tanto para imágenes de divinidades, como para retratos idealizados de damas de la familia imperial.

Su datación puede situarse hacia finales del siglo I o los inicios del siglo II, como sugiere el característico gusto por las transiciones entre planos suaves y difuminados, la acentuación de la expresividad del rostro obtenida con la forma de la boca sinuosa y levemente entreabierta y el escaso uso del trépano, restringido a los ángulos de los labios, los lacrimales y el lóbulo de la oreja.

Infografía con reconstrucción hipotética del barrio de la ladera sureste del cerro del Molinete de Cartagena en el Alto Imperio (siglos I-II).

Cornucopia con frutos
Mármol blanco de Luni-Carrara
Siglo I

Esta cornucopia de gran formato perteneció a una estatua de tamaño superior al natural. De su cesto cargado con pan, higos, nueces, granadas, manzanas, una piña y otras frutas, entremezclados con hojas de acanto y flores de amapola, brotan parras y racimos de uvas y espigas de trigo. El cuerno sólo tiene el frente y la mitad del lateral izquierdo decorado con un bajorrelieve, ya que el otro lado y la parte trasera estarían en contacto con el regazo de la escultura y, por tanto, no se verían.

La cornucopia gozó entre los romanos de un preciso simbolismo que encarnó la riqueza y la prosperidad asegurada por la paz restituida por Augusto. La cornucopia de Cartagena pudo pertenecer a una estatua de carácter conceptual (*Felicitas Augusta*, *Ceres*, *Fortuna*, *Concordia*, *Pietas*, *Pax*...), a una estatua honorífica de un miembro femenino de la casa imperial, como por ejemplo Livia, o a cualquiera otra divinidad de las muchas que iban acompañadas de este tipo de cuerno.

 Reconstrucción hipotética de la estatua de pie a la que pudo pertenecer la cornucopia hallada en la palestra de las Termas del Puerto.

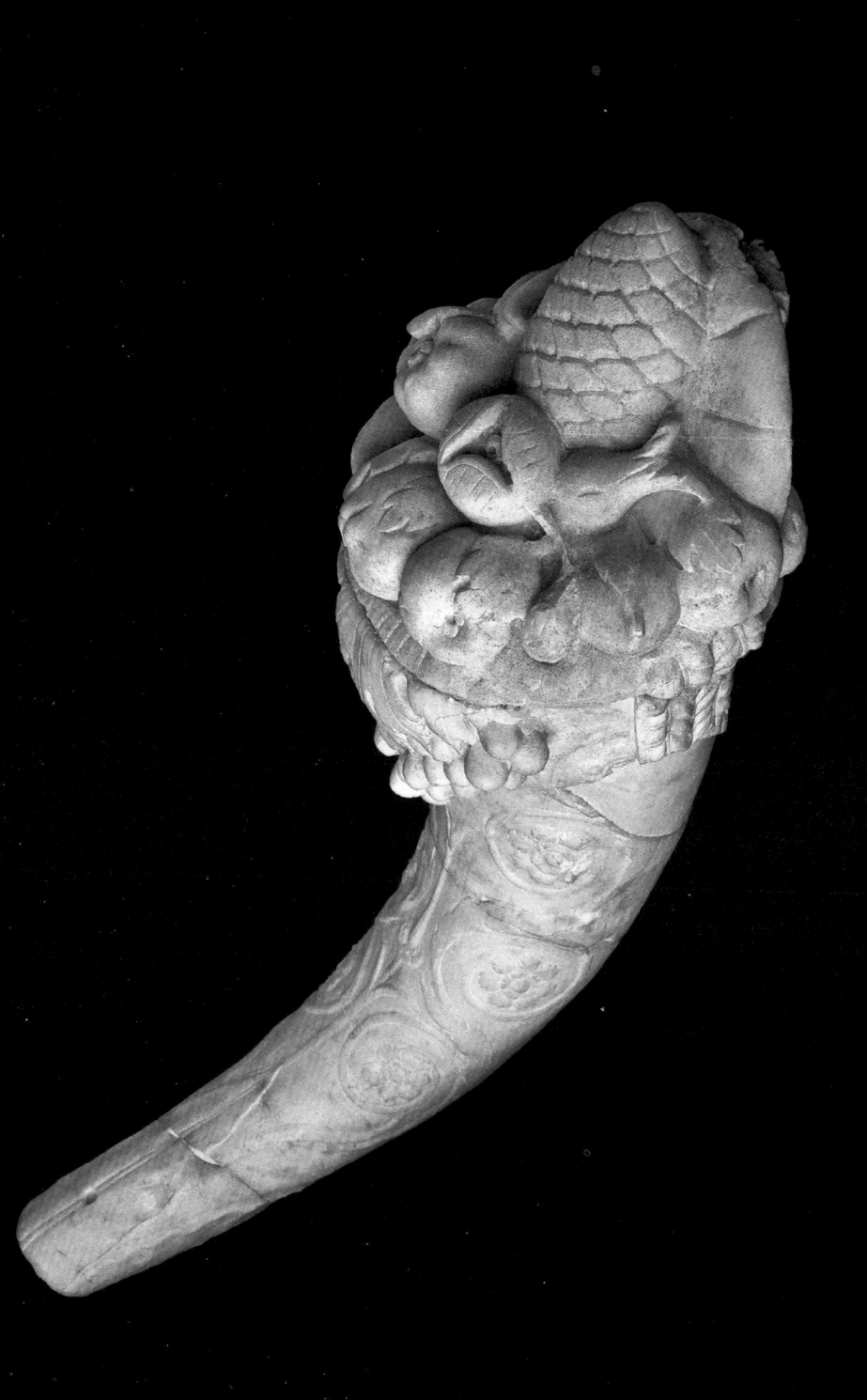

Placa pictórica con *venator* y zócalo con banda epigráfica
Mármol *grecco scritto* y pintura mural
Primera mitad del siglo II

El zócalo rectangular de mármol y el fragmento de pintura mural se encontraban en la pared que cerraba al sureste la cabecera del peristilo de las Termas del Puerto tras la reforma realizada a finales del siglo I o inicios del II. La decoración de la zona media se articulaba en paneles de color ocre delimitado al exterior por bandas rojas de 6 cm enmarcadas por sendos filetes blancos y al interior por otro filete de color negro. El panel de la zona superior albergaba una escena de caza (*venatio*) de la que solo se conserva el *venator* enfrentado posiblemente a un jabalí.

El *venator* sustenta la típica lanza de caza (*venabulum*). No tiene protección en la cabeza, en la que se aprecian los rizos del cabello y de la barba, según modas de época del emperador Adriano. Viste barda de cuero, túnica hasta la cadera ajustada con mangas cortas, pectoral de color azul intenso y ancho cinto también azul. En las piernas lleva una especie de pantalón ajustado en las rodillas −protegidas con *caligae*−. En las pantorrillas están liadas unas bandas o *fasciae crurales*.

En cuanto al zócalo marmóreo, en la banda superior se aprecian algunas letras que deben corresponder al nombre de quien mandó hacer la pintura, quizás un tal *Manius Flavianus*, quizás en recuerdo a unos juegos anfiteatrales que pagó a sus expensas.

PLANTA -1

CARTHAGO SPARTARIA

Por unas escaleras a la izquierda de la vitrina dedicada al Alto Imperio descenderemos a la planta -1 del museo, cuyo nombre Carthago Spartaria refleja claramente la época a la que se adscriben las obras expuestas: la Antigüedad Tardía, periodo que corresponde al final del Imperio romano y el dominio bizantino de la ciudad (siglos V-VII).

Esta planta se entiende no solo como una sala donde explicar la Antigüedad Tardía en el cerro del Molinete, sino también como un balcón a través del cual asomarnos a las calles enlosadas y la Curia del foro de Carthago Nova.

CARTHAGO SPARTARIA. SIGLOS VI-VII

Al pie de la colina del Molinete se desarrolló en época bizantina (siglos VI-VII) un bullicioso barrio doméstico y artesanal −uno de los más extensos de Hispania−, construido sobre las ruinas casi desaparecidas de la ciudad de los siglos I-II. En él se construyeron talleres, almacenes y casas en torno a calles estrechas y sinuosas, simples caminos de tierra carentes de sistema de alcantarillado. Este sector tuvo un fuerte componente artesanal como se desprende del hallazgo de una herrería instalada sobre los restos del Edificio del Atrio, donde algunos capiteles se utilizaron como base para la colocación de yunques. Los habitantes del barrio tuvieron un nivel de vida muy sencillo, como sugieren tanto sus ajuares domésticos como de adorno personal recuperados durante las excavaciones.

Sin embargo, debido al carácter militar de la ciudad y al interés que la administración bizantina mostró por el abastecimiento de los territorios conquistados en el extremo occidental mediterráneo, llegaban al puerto de Carthago Spartaria materiales procedentes de diferentes puntos del mar Mediterráneo como Siria, Palestina, Asia Menor, la isla de Samos (Grecia) o el norte de África. Todos estos contactos

Infografía con reconstrucción hipotética del barrio de la ladera sureste del cerro del Molinete de Cartagena en época bizantina (siglos VI-VII).

comerciales hacían de la ciudad una urbe cosmopolita que estuvo conectada con las provincias que dependían del Imperio Romano de Oriente. Estas relaciones no fueron simplemente comerciales, sino también políticas, culturales y religiosas, como demuestran los viajes a Constantinopla de San Leandro y de Liciniano, obispo de Carthago Spartaria atestiguado en las fuentes literarias de la época.

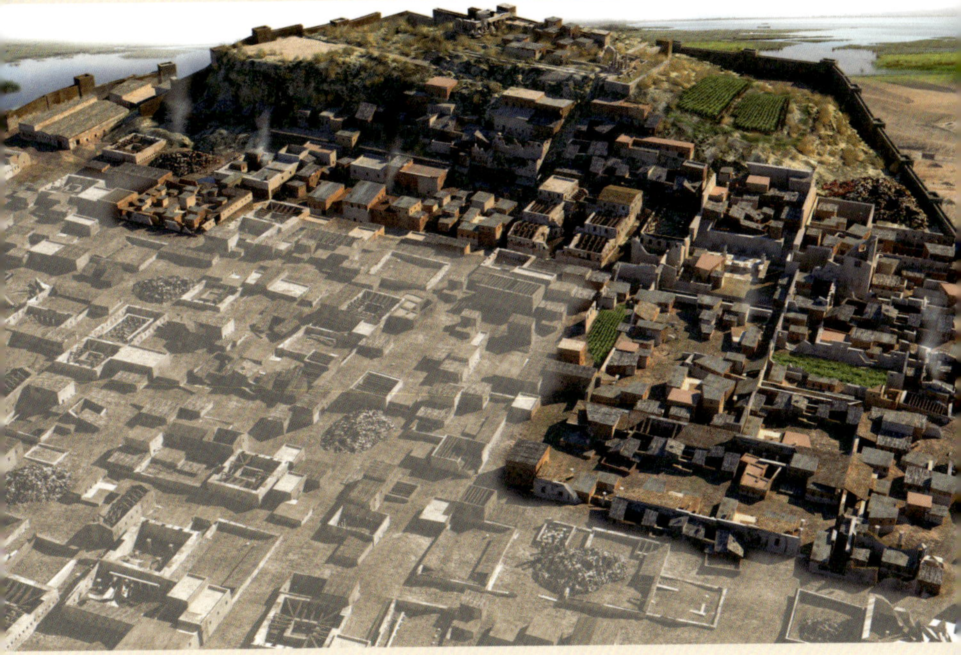

Como testimonio de este período, pueden contemplarse diversos materiales expuestos en tres vitrinas, de los cuales destacan algunos que ponen de manifiesto que se trató de una ciudad mediterránea, cosmopolita y comercial.

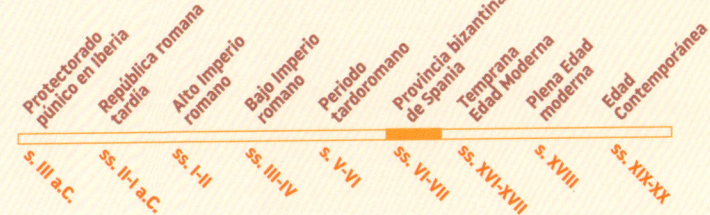

Fuente de terra sigillata africana D con escena cristiana
Cerámica
Siglo VI

Esta fuente está realizada en *terra sigillata* africana D, un tipo de una cerámica de alta calidad producida en el norte de África que se caracterizaba por su barniz anaranjado o rojo-anaranjado. Buena parte de la decoración de los recipientes de esta producción guarda relación con el Cristianismo, religión oficial en el Imperio romano desde el año 380. Aunque en general se representan símbolos como cruces, en ocasiones también se evocan auténticas escenas. Es el caso de este fragmento donde se identifica el célebre milagro de Cristo curando al ciego. En el centro se sitúa la figura de Jesús con nimbo o aureola, con su mano derecha hacia su interlocutor para obrar el milagro. El ciego se representa de lado, aunque con su rostro hacia el espectador y muestra sus ojos abiertos tras haber recuperado la vista.

A pesar del carácter esquemático y la falta de detalle, puede identificarse la escena por ser un tema usado de manera estandarizada y repetitiva desde finales del siglo IV.

Ánfora de Samos
Cerámica
Mediados del siglo VI – principios del VII

Las características de esta ánfora permiten encuadrar su producción en la isla de Samos, en las costas de Turquía, desde mediados del siglo VI a inicios del VII. Por la resina hallada en el interior de otros ejemplares y la tradición productiva de esta zona del mar Egeo, se considera que pudo transportar el célebre vino de Samos, referido por los escritores de los siglos VI y VII, como el poeta Venancio Fortunato. El papel de la isla de Samos en la organización naval del Imperio romano de Oriente fue de vital importancia, hasta el punto de convertirse en base principal de operaciones. El hallazgo de estas ánforas en Occidente y, en concreto, en aquellos lugares incorporados al Imperio bizantino en el marco de la *Renovatio Imperii* del emperador Justiniano, ha llevado a proponer que la distribución de estos recipientes esté vinculada con el suministro estatal para abastecer a las tropas desplegadas en las principales ciudades del Mediterráneo occidental. Sin embargo, esta pieza ha llegado hasta nosotros reutilizada como canalización en el barrio de época bizantina sito en el Molinete, dentro del fenómeno de reutilización y reciclaje al que son sometidos los envases cerámicos en esta época.

Conjunto de tres *spatheia* de origen tunecino
Cerámica
Finales del siglo VI – primera mitad del VII

Las pequeñas dimensiones de estas anforillas completas permiten clasificarlas dentro del grupo de los s*patheia* miniaturizados, cuya altura no suele exceder los 44 cm. Se trata de un tipo de recipientes cilíndricos de pequeñas dimensiones que fueron reduciendo su tamaño a lo largo de los siglos. Mientras que los del siglo V se sitúan en una horquilla de entre 77 y 92 cm de altura, los de finales del siglo VI y el VII no superaban los 50 cm.

En este sentido, los ejemplares de Cartagena corresponden a los *spatheia* de tercera generación, concretamente, al tipo llamado Bonifay 33. Su datación se sitúa entre finales del siglo VI y la primera mitad del VII. Su presencia es constante en los yacimientos incorporados por el emperador Justiniano al Imperio bizantino. Algunos autores defienden que, al igual que el ánfora de Samos, su distribución formaba parte del esfuerzo de la administración imperial por el suministro a los efectivos militares desplegados en las ciudades y territorios controlados por el Imperio Romano de Oriente.

Parece que este tipo de anforillas transportó mayoritariamente salsas de pescado, en particular la tradicional salsa de pescado llamada *garum*, aunque no se descartan otros contenidos como el vino.

Conjunto de ollas de producción local
Cerámica
Siglos VI-VII

A partir del siglo V, Carthago Spartaria contó con una producción de cerámicas comunes destinadas sobre todo a la cocina, entre las cuales destacan las ollas. A pesar de que la documentación de estos recipientes es constante hasta el siglo VII, todavía no se ha podido asociar a ningún taller alfarero. No obstante, en función de los resultados del análisis de sus pastas, algunos autores han defendido que dichos talleres pudieron estar emplazados en el área volcánica del Mar Menor donde se registran cuarzo-andesitas y andesitas piroxénicas, componentes de las arcillas de estas ollas.

Todos estos envases informan acerca de los nuevos hábitos alimentarios de época tardía, en la que ciertas preparaciones de los alimentos, como el freído, parecen relegarse frente a un mayoritario hervido.

Conjunto de ánforas tunecinas
Cerámica
Siglos VI-VII

Desde el siglo IV, África se convirtió en el motor productivo del Mediterráneo occidental e inundó sus territorios con sus mercancías. Dicho protagonismo se mantuvo en época bizantina y estos recipientes son un ejemplo de ello.

Algunas ánforas se produjeron durante un largo periodo de tiempo. Sin embargo, otras solo se fabricaron durante un determinado lapso. Ocurre así con el tipo de ánfora llamado Keay LXI, cuya producción y comercialización debe vincularse a la reconquista del norte de África por el Imperio Romano de Oriente y, por tanto, al dominio bizantino del extremo occidental del *Mare Nostrum*. Los talleres norteafricanos puestos bajo soberanía imperial elaboraron de forma masiva estos contenedores, que llegaron a todos los puntos del Mediterráneo.

Este tipo de ánfora se manufacturó en los alfares del Sahel tunecino con el objeto de envasar y comercializar la rica producción de aceite de esta región norteafricana.

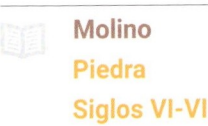

Molino
Piedra
Siglos VI-VII

Se trata de la solera o durmiente (*meta*) de un molino rotativo. Corresponde a la parte inferior o fija en la que se acoplaba otra piedra móvil o volandera (*catillus*) de módulo cilíndrico. La pieza tiene un agujero central destinado a insertar el eje de madera que permitía la rotación manual del *catilus*.

Estos molinos son frecuentes en los contextos de época romana tardía, tanto en ambientes domésticos como artesanales. Servían tanto para la transformación del mineral como para la molienda de vegetales y, en especial, de grano para la obtención de harina. En este caso, posiblemente perteneciera a un ámbito doméstico puesto que durante los siglos VI y VII muchas de las panaderías, al igual que otros establecimientos comerciales, abandonaron su actividad, quedando relegada a las casas la preparación de ciertos alimentos.

Conjunto de cuatro ungüentarios orientales
Cerámica
Siglos VI-VII

El hecho de que en Asia Menor (actual Turquía) haya aparecido el mayor número de este tipo de ungüentarios y los componentes de la arcilla usada para su fabricación, permite suponer que se produjeran en los talleres suroccidentales de la zona anatólica, Cilicia (actual Turquía), norte de Siria o Chipre.

Aunque no ocurre en estos ejemplares, otros conservan en su interior restos de resina para impermeabilizar el recipiente y garantizar la conservación de los preciados ungüentos de Anatolia y Asia Menor. El comercio de esos ungüentos estuvo controlado por la administración imperial, como queda reflejado en los sellos que aparecen en dos de las piezas, los cuales suelen portar el nombre de una persona, al parecer un funcionario imperial.

Sello epigráfico inscrito en una cartela cuadrangular. Se trata de un monograma cruciforme, con letras sobre brazo superior, inferior y derecho, pero no en el izquierdo. Podría ser el nombre árabe Azid traducido al griego.

Conjunto de contrapesos
Cerámica
Siglos VI-VII

En un principio se pensó que los talleres locales de época tardoantigua solo producían recipientes de cocina. Sin embargo, con el tiempo se ha comprobado que también realizaron vajilla de mesa, contenedores para almacenaje u otros elementos como estos contrapesos.

Estas piezas pudieron servir como pesas para las redes de pesca, que se podían alternar con otras fabricadas en plomo. El hallazgo de este tipo de objetos es común en ciudades portuarias de Túnez o Baleares, así como en Carthago Spartaria, junto a anzuelos o agujas para el tejido de redes. No obstante, piezas similares hechas de piedra halladas en contextos de época musulmana de los siglos VIII y IX en el Tolmo de Minateda (Albacete) sugieren que pudieran tener también otros usos relacionados con las actividades de hilado.

CARTHAGO SPARTARIA. SIGLO V

El historiador Hidacio proporciona una de las escasas noticias sobre Carthago Spartaria en el siglo V, indicando que fue saqueada por los vándalos. Sin embargo, la arqueología muestra una ciudad en plena recuperación, consolidada como capital de la provincia *Carthaginiensis* e importante centro comercial. Al igual que el teatro del siglo I se transformó en mercado y almacén en esta época, en la zona de la antigua acrópolis (Molinete), parte del Edificio del Atrio se reconstruyó. Moldes de fundición prueban la continuidad de la actividad metalúrgica ya practicada con anterioridad, en el siglo IV, sobre los restos del Santuario de Isis. En el entorno convivieron diversos oficios y labores, como muestra una sierra, quizás más apta para la carpintería.

Tras estos comercios, modestas viviendas alojarían a parte de sus empleados. Entre los objetos cotidianos recuperados destacan las lucernas de Túnez o Argelia, testimonio del estrecho contacto comercial que la ciudad mantuvo en esta centuria con África. Junto a ellas, cabe destacar otros materiales aquí expuestos.

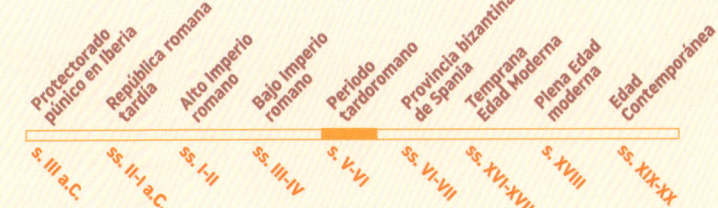

Protectorado púnico en Iberia · República romana tardía · Alto Imperio romano · Bajo Imperio romano · Periodo tardorromano · Provincia bizantina de Spania · Temprana Edad Moderna · Plena Edad moderna · Edad Contemporánea

S. III a.C. · SS. II-I a.C. · SS. I-II · SS. III-IV · S. V-VI · SS. VI-VII · SS. XVI-XVII · S. XVIII · SS. XIX-XX

Infografía con reconstrucción hipotética del barrio de la ladera sureste del cerro del Molinete de Cartagena en época tardorromana (siglo V).

Utensilio artesanal
Latericio
Siglos IV-V

A partir de finales del siglo III, algunos de los edificios altoimperiales de la acrópolis perdieron su uso público o semipúblico, proliferando los ambientes domésticos y artesanales. A este contexto se asocia este objeto. Su manufactura simple y funcional y su factura en ladrillo nos hacen pensar que pudo tener relación con actividades industriales asociadas con la fundición y la forja, pues el material con el que está realizado es capaz de soportar altas temperaturas.

Al no estar completo, es difícil establecer su uso pero pudo formar parte de un molde o una tobera. A pesar de la deficiente información sobre la pieza, su hallazgo es importante pues es una evidencia clara del cambio de función que tuvo esta área cercana al foro durante la Antigüedad Tardía, que pasó de ser una zona de carácter monumental a otra de ámbito doméstico y artesanal.

Caldero
Hierro
Siglo V

Por su forma circular, este objeto debió formar parte de una fuente o caldero. Su borde tiene un labio redondeado que se moldea sugiriendo una suerte de pico vertedor.

Muchas de estas piezas tenían el fondo plano, pero en este caso la base es convexa, por lo que no se mantendría en pie. Por tanto, debió tener asas o anillas para ser colgado. Su manufactura es bastante descuidada, por lo que no es descartable que tuviera un uso artesanal en vez de doméstico.

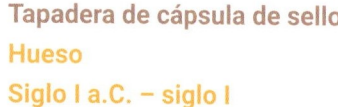

Tapadera de cápsula de sello
Hueso
Siglo I a.C. – siglo I

Se trata de la tapadera o panel superior de una cápsula de sellos. Cuenta en su base con un apéndice perforado para funcionar como bisagra. Por su forma y tipo, puede fecharse entre el siglo I a.C. y el I, aunque apareció en un contexto arqueológico del siglo V.

Estas cajitas o cápsulas contenían un sello, realizado en cera y grabado con algún símbolo o emblema que identificaba a la autoridad o propietario, autentificando documentos oficiales escritos en tablas realizadas también en cera (*tabullae ceratae*), o igualmente, monederos o sacos. La finalidad de la caja, unida al objeto mediante cordel, era tanto salvaguardar la integridad del sello, protegiéndolo de su posible fractura, como también asegurar su privacidad, que no habría de ser desvelada hasta su llegada al destinatario final. Dado este uso, la presencia de cápsulas de sellos puede relacionarse preferentemente con cierto tipo de correspondencia personal y con actos administrativos, civiles y militares.

DE CARTHAGO NOVA A QART HADAŠT

El descenso por distintas salas a través del tiempo ha concluido: llegamos a los tiempos del Imperio romano de los siglos I-IV. En esta planta la arquitectura contemporánea del museo se funde con los restos de la ciudad romana, distinguiéndose unas de otras, pero fundiéndose todas en un único organismo museográfico. Una oquedad de casi 8 m de altura permite reconstruir el alzado de la Curia de la colonia y obtener la restitución hipotética de su volumen arquitectónico. Las decisiones adoptadas en esta parte del museo se basan en un respeto absoluto por nuestro legado patrimonial y una arquitectura contemporánea que lo acompaña y lo hace disfrutable.

CALZADA

Al bajar las escaleras del museo se desembarca en una calle de época romana pavimentada con grandes losas de caliza micrítica. Esta calle forma parte del trazado urbano de la ciudad de los siglos I-II. Se trata de uno de los *decumani* que daban acceso al foro de la colonia, es decir, una calle orientada de este a oeste, que junto con los *cardines* o calles orientadas en sentido norte-sur, definieron el trazado urbano de la Carthago Nova romana. El trazado de estas calles estuvo condicionado por el trazado del *decumanus maximus* y el *cardo maximus*, las calles principales de la ciudad.

Los espacios formados por el cruce de estas calles formaron una serie de manzanas que, en época romana, recibían el nombre de *insulae*. En el Molinete se han documentado varias de ellas, denominadas con números romanos. De las cuatro identificadas hasta el momento, se han podido excavar tres de ellas: la *Insula* I integrada por las Termas del Puerto y el Edificio del Atrio, la *Insula* II que corresponde al Santuario de Isis y unas pequeñas termas anexas, y la *Insula* IV, integrada por varias casas de atrio que debieron pertenecer a ricos propietarios de la ciudad.

PLANTA - 2

CARTHAGO NOVA. SIGLOS III-IV

Entre finales del siglo II y el IV, Carthago Nova sufrió una crisis motivada por el cese de las explotaciones mineras y la situación de inestabilidad política y económica general en el Imperio romano. La escasez de restos arqueológicos de esta época ha sugerido la ruina y casi total desaparición de la ciudad. La crisis supuso el despoblamiento de la mitad oriental de la ciudad.

La población se concentró en la zona más cercana al puerto, que continuó siendo el motor de la economía urbana. Las excavaciones en el Molinete prueban que esta zona se mantuvo activa con un predominante carácter artesanal y comercial. Junto a las producciones de cerámica local, los contenedores cerámicos foráneos evidencian que continuó llegando aceite, vino y salazones de la vecina provincia *Baetica* (actual Andalucía), así como productos del norte de África, que venían acompañados de vajillas e instrumentos de cocina. La importancia del puerto debió ser un factor determinante para que la ciudad se convirtiera en capital de la nueva provincia *Carthaginiensis*, erigida por Diocleciano a finales del siglo III (hacia el año 298).

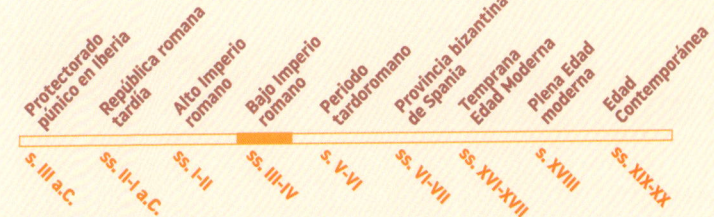

Protectorado púnico en Iberia · República romana tardía · Alto Imperio romano · Bajo Imperio romano · Periodo tardorromano · Provincia bizantina de Spania · Temprana Edad Moderna · Plena Edad moderna · Edad Contemporánea

S. III a.C. · SS. II-I a.C. · SS. I-II · SS. III-IV · S. V-VI · SS. VI-VII · SS. XVI-XVII · S. XVIII · SS. XIX-XX

Dos ánforas de producción africana
Cerámica
Siglos III-IV

Las dos ánforas expuestas a la derecha de la vitrina se fabricaron en el norte de África. La primera de ellas se empleó principalmente para el transporte y comercialización de aceite, aunque en ocasiones se ha considerado que una parte de ellas pudieron contener salsas de pescado (1). La segunda se distribuye ampliamente por el Mediterráneo occidental, de manera que se han localizado ejemplares en Italia, Francia, Alemania, Suiza, Reino Unido y Marruecos. Este contenedor parece estar vinculado con el comercio de vino (2).

La presencia de estas ánforas del norte de África en Cartagena en contextos de finales del siglo III prueba que, a pesar de la crisis que experimentó la ciudad, esta no desapareció. Sabemos que, aunque se redujo su tamaño, su puerto siguió teniendo una intensa actividad y se mantuvo el comercio con las principales áreas productivas del Imperio.

(1)

(2)

Dos ánforas de producción bética
Cerámica
Mediados del siglo III – inicios del V

En el extremo izquierdo (1) del expositor hay un ánfora que pertenece al llamado tipo Majuelo 1, que se producía en Almuñecar (Granada), Salobreña (Granada) y Algeciras (Cádiz). Su abundante hallazgo en fábricas de salazón romanas sugiere su vinculación con el comercio de este tipo de producto. En cambio, la tercera ánfora por la derecha (2) se fabricó en el área gaditana, en el alfar de Puente Melchor (Puerto Real). Su difusión fuera de la Bética abarcó fundamentalmente la costa del levante hispano, aunque se ha encontrado también en un pecio de Sicilia, datado hacia el año 300.

La presencia de estos contenedores en Cartagena, en contextos de finales del siglo III, remarca la idea de una ciudad conectada a los centros productores más importantes de Hispania y del resto del Imperio. A pesar de la crisis generalizada en el Imperio y en la propia colonia, Carthago Nova mantuvo un destacado dinamismo económico y continuó incardinada en las principales rutas comerciales mediterráneas.

(1)

(2)

Dos ánforas de producción regional
Cerámica
Finales del siglo III

Otras dos ánforas tienen una pasta y un aspecto exterior que las relaciona con la producción de cerámica común de ámbito regional. En cuanto a su forma, la presencia de un fondo estrecho con pie marcado es un ejemplo más de la reiterada imitación de ánforas galas en territorio hispano. Probablemente estuvieron destinadas al comercio del vino. Cabe destacar que este tipo de ánforas se han identificado por primera vez en las excavaciones del Molinete, siendo las dos primeras que se han podido reconstruir en su totalidad en Cartagena.

Su producción en el territorio de Carthago Nova y su hallazgo en un pecio en la isla de Mallorca demuestran que la ciudad durante los siglos III y IV no solo fue receptora de productos mediterráneos, sino también exportadora. Cartagena tuvo en este periodo un dinamismo económico y comercial que se ha podido vislumbrar gracias a las excavaciones y descubrimientos realizados en el Molinete.

Ánfora bética de aceite
Cerámica
Mediados del siglo III

Este tipo anfórico del perfil globular y gruesas paredes surge al final del reinado de Tiberio como un envase optimizado para el transporte de aceite, sustituyendo a los que se usaban anteriormente. Mantiene una forma bastante estandarizada hasta el fin de su fabricación en el tercer cuarto del siglo III.

A pesar de que todos los ejemplares debían llevar inscripciones pintadas (*tituli picti*), esta pieza no ha conservado ninguno. En cambio, se han identificado dos sellos impresos. La primera de las marcas está situada en la parte superior de ambas asas y se compone de 3 letras (VRS) precedidas de un rama de palma en cartela rectangular. Sellos similares se han relacionado con Ursus, un alfarero del alfar de El Tejarillo (Alcolea del Río, Sevilla). El segundo sello está situado en el tercio superior de la panza con la marca OPTAT, documentada también en El Tejarillo. Ambos sellos se han datado según la estratigrafía del monte *Testaccio* en Roma entre los años 246-254.

Jarra africana
Cerámica
Siglos III-IV

El comercio con el norte de África no solo representó la importación de grandes contenedores de vino, aceite, etcétera, sino también el comercio de cerámicas de cocina, vajillas de mesa… Un ejemplo de ello sería esta jarra de origen africano cuya tipología es bastante conocida y que corresponde a la llamada forma Bonifay 50.

En líneas generales, la producción comienza en el siglo III y se mantiene hasta el IV. Para esta pieza, la longitud y el carácter exvasado del cuello, permiten vincularla con la variante más antigua que se fecha en la primera mitad del siglo III.

Esta jarra apareció como ofrenda de fundación de la reforma realizada en el Edificio del Atrio a principios del siglo III, tal y como se deduce de haber empleado este recipiente. Dicha reforma se ha podido concretar desde el punto de vista cronológico gracias al hallazgo de una inscripción pintada (*titulus pictus*) que menciona al emperador Heliogabalo, que hemos podido contemplar en la planta 0 del museo.

Jarra de producción regional
Cerámica
Finales del siglo II – siglo V

Esta jarra de mesa de cuerpo globular tiene una forma que coincide plenamente con la del tipo llamado Bonnifay 48 de producción africana. Sin embargo, el análisis de la pasta parece descartar su procedencia africana. Ciertas características, como la presencia de cal o su acabado alisado, permiten que se asocie a la producción de cerámicas regionales.

La imitación de cerámicas africanas por parte de alfares regionales demuestra el éxito y la difusión que tuvieron estos enseres. La población los reclamaba hasta el punto de que talleres de la región se dedicaron a reproducir los tipos provenientes del norte de África.

Molde con escena circense
Cerámica
Siglo III

Esta pieza es una de las mitades que formarían un molde cerámico bivalvo con decoración figurada, ampliamente documentados en el norte y centro de Túnez entre finales del siglo II y primera mitad del III. Al ser parte de un molde, la decoración se encuentra en negativo en su cara interna para quedar plasmada correctamente en el producto final. Probablemente, elementos como este fueran empleados como moldes de pastelero, en los que el panadero introduciría la masa a través del fondo de la pieza que estaba abierto. Una vez cocido, se retirarían las dos valvas quedando un dulce o bollo con la forma deseada. En este caso, se trata de una carrera de carros en la que se observa parte de la espina central del circo y una cuadriga.

Cabe destacar que este tipo de dulces estaban asociados a la política de pan y circo, por la que los magistrados y élites urbanas pagaban juegos circenses y regalaban comida para garantizar el consenso social y fomentar el espíritu de comunidad cívica.

Conjunto de agujas para el pelo (*acus crinalis*)
Hueso
Siglos III-IV

También en la balda inferior de la vitrina observamos un conjunto de diez agujas para el pelo (*acus crinalis*) correspondientes a seis tipos diferentes. De cronología muy amplia, estos elementos del peinado están constatados desde el siglo I hasta el V y están presentes en todos los rincones del Imperio romano.

Isidoro de Sevilla hacía referencia a su uso: *"con las agujas se mantiene el moño en el peinado de las mujeres para que los cabellos no cuelguen sueltos y aparezcan alborotados"*. Estos peinados recogidos fueron muy habituales entre las mujeres romanas, sobre todo en el caso de las casadas, pues el pelo suelto era indecoroso en una mujer que tenía esposo.

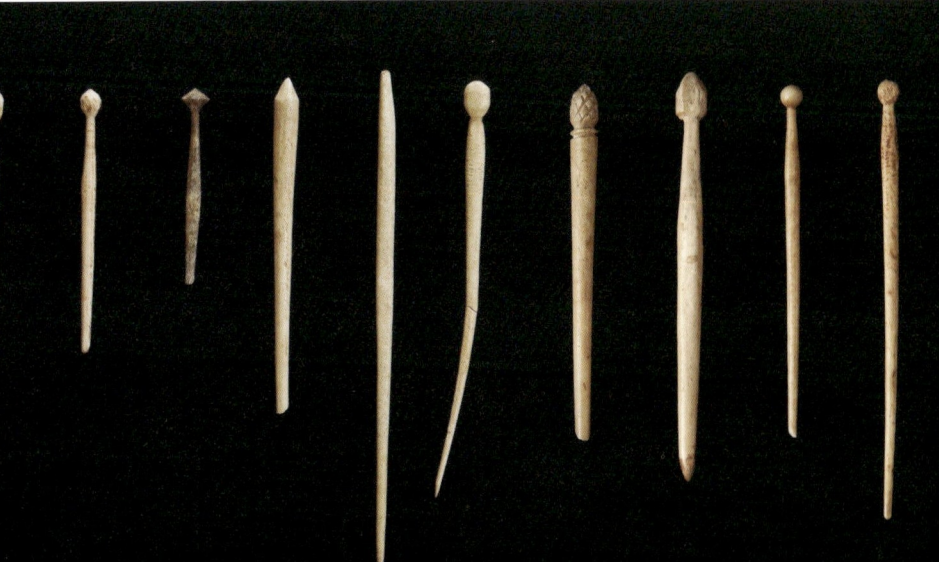

Tortera (fusayola)
Hueso
Siglos II-III

Esta pieza discoidal tiene un orificio central ovalado y ligeramente desplazado. Probablemente se trata de la tortera de un huso, normalmente denominada como fusayola, transliteración del francés *fusaïole*.

Este tipo de piezas se colocaba en la parte inferior del huso, enfilándola por el extremo superior que era más estrecho y apuntado. Huso y tortera se usaban en el proceso de hilado que comenzaba colocando un copo de alguna fibra textil, como lana o algodón, en la rueca, una gruesa aguja de gran tamaño. A continuación, se retorcía una porción entre los dedos hasta darle forma de hebra, la cual se anudaba al huso. Entonces, la rueca se sujetaba con la mano izquierda y se apoyaba verticalmente en la cintura, mientras con la otra mano se hacía girar el huso que tiraba de la fibra de la rueca y se formaba el hilo, retorciéndolo y enrollándolo en la vara. La función específica de la tortera en el trabajo del hilado era servir de volante para prolongar el movimiento giratorio del huso y ayudar así a torcer el hilo.

Estribos para vigas
Hierro
Siglo III

Realizados en hierro, tienen forma de U y sección rectangular. Hacia la mitad de su desarrollo los brazos rotan sobre sí mismo 90°, de manera que la parte más ancha de estos quede alineada con la base, lo que facilita su sujeción mediantes clavos. Estos elementos se usaban para la construcción del entramado de madera que sustentaba tejados y suelos de plantas superiores. Servían para fijar las vigas secundarias a las principales. Los brazos de este tipo de piezas se clavaban en estas últimas y sobre la base se apoyaban las vigas secundarias que quedaban encajadas en el estribo. Este sistema constructivo es un método tradicional que sigue usándose actualmente en las estructuras de madera.

Estas piezas se hallaron dispersas en una de las habitaciones del Edificio del Atrio, asociadas a los niveles de incendio y derrumbe de la planta superior fechados a finales del siglo III. No ha aparecido ninguna pieza de este tipo en el resto de las estancias del edificio. Esto, unido a que el complejo presenta varias fases de ocupación y remodelaciones, plantea la posibilidad de que no pertenezcan al momento inicial de la construcción de finales del siglo I, sino que se usaran en alguna de las reparaciones que experimentó dicha estancia.

Entalle con Victoria alada
Pasta vítrea
Finales del siglo I – siglo II

Este entalle ovalado, con ambas caras planas y lados biselados hacia el anverso, muestra una Victoria alada de perfil hacia la derecha, con vestimenta larga, palma en el hombro y mano izquierda, y corona en la mano diestra, que se extiende hacia delante.

El entalle llega a la sociedad romana a finales del siglo IV a.C. y perdura hasta el siglo VII. Se mantiene como distintivo personal y social hasta época antonina, a partir de la cual va perdiendo su carácter de sello para convertirse en elemento decorativo y de índole mágico y protector. Se tallaban en piedras semipreciosas, generalmente de la familia del cuarzo y, a menudo, en pasta vítrea, como en este caso. Habitualmente se engastaban en anillos, aunque también en otras joyas y objetos de uso personal.

Aunque existen otras representaciones de esta diosa, este tipo es el más extendido en el mundo romano. De marcada tradición helenística, corresponde —a excepción de la palma— con la iconografía de la Niké compañera de la diosa griega Atenea Parthenos

Este es el tipo más extendido de representaciones de Niké en la glíptica romana. El tema fue muy popular entre los siglos I y III. Entalles de este tipo hay repartidos por todo el territorio del Imperio romano y también en Hispania.

Punzón de escritura (*stilus*)
Hueso
Siglo III

Esta pieza es el remate del extremo inferior de un punzón de escritura. Este tipo de elementos estaban realizados en hueso, marfil o metal y servían para escribir con su apuntado extremo inferior sobre finas planchas de plomo o sobre tablillas recubiertas de cera (*tabulae*). La parte superior era redondeada o plana y en forma de paleta para poder extender la cera de las *tabulae*. Por tanto, se podía deshacer lo escrito, ya fuera para corregir un error durante el proceso de escritura o para reutilizar la tablilla una vez completado el espacio disponible.

Paleta de maquillaje
Hueso
Siglos I-IV

Se compone de un vástago de anchura y grosor constante. La cara superior tiene la superficie cóncava y la inferior casi plana. La parte superior de la cabeza, que está rota, debió ser un círculo plano.

Este tipo de objetos se elaboraron con huesos largos. Tras someterse a un proceso previo de preparación, las piezas se obtendrían con una talla longitudinal, rematándolas mediante el limado o lijado.

Estas paletas servían para aplicar cosméticos, aunque también pudieron usarse en el ámbito de la medicina, para la preparación o aplicación de algunos productos, o ser utilizados en el gremio de los tinteros para preparar y mezclar pigmentos. Incluso pudieron llegar a tener un uso más lúdico como fichas de juego.

Reja de arado
Hierro
Segunda mitad del siglo III

Esta reja de arado fabricada en hierro presenta un cuerpo hueco y una parte delantera acabada en punta con forma romboidal. Esta pieza formaba parte de un arado y su función era remover el suelo sin invertir la tierra de cultivo.

Se encastraba en el dental que era una pieza de madera –como todo el arado excepto la reja–, que estaba unida a la cama, elemento curvo que servía de unión de todas las partes del arado. Tanto la reja como el dental podían variar su posición respecto a la cama gracias a la telera, que era un travesaño que atravesaba esta y apoyaba en el dental. Al apretar o aflojar la telera se graduaba la inclinación del dental y la reja con respecto a la cama, a fin de introducirse más o menos profundamente la punta de la reja en la tierra.

Amalgama de varios objetos de hierro
Hierro
Segunda mitad del siglo III

Esta amalgama de objetos metálicos fue hallada en los niveles de derrumbe del Edificio del Atrio. Se puede distinguir: un cuchillo, una navaja, dos llaves, una hoz, varios clavos y un fragmento de colador.

Aunque el Edificio del Atrio fue probablemente en su origen la sede de un *collegium* o corporación religiosa dedicada al culto de Isis y Serapis, en el siglo III experimentó una profunda transformación. Durante la segunda mitad del siglo III el edificio pasó a tener un carácter doméstico, cada una de las grandes aulas se convirtió en una casa unifamiliar, sucediendo lo propio con las estancias del piso superior. En este contexto se explica la aparición de estos objetos en el derrumbe del piso superior de este edificio. Todos ellos aparecieron juntos y soldados –probablemente a causa del óxido– porque estuvieron guardados en algún armario o arcón de una de las viviendas situadas en la planta superior, es decir, pertenecieron a una misma persona o familia.

Llave
Hierro
Segunda mitad del siglo III

Este objeto es una llave de hierro de elevación y/o desplazamiento del tipo conocido como en forma de L. Está formado por una tija −barra de la llave− de sección cuadrada formada por dos tramos dispuestos en ángulo recto. El paletón −el extremo de la llave− presenta dos dientes y está colocado de manera perpendicular respecto a la tija, que está rematado en su extremo por una argolla de la misma anchura.

Se han planteado dos sistemas de apertura para las puertas que usaran este tipo de llaves. Ambos mecanismos son sencillos, pero ingeniosos y efectivos, y se basan en deslizar una tranca o pestillo a través de unas abrazaderas. Según el sistema más simple, la llave se introducía en una pequeña apertura de la puerta y los dientes, por la parte de abajo del pestillo, simplemente se encajaban en unos huecos, que coincidían en número y posición con los dientes de la llave. De esta manera se conseguía deslizar cómodamente la tranca para liberar la puerta. El otro método de apertura es exactamente igual pero propone la existencia de una serie de levas que se introducen en los huecos de la tranca y que son levantadas por los dientes del paletón al introducir la llave.

CARTHAGO NOVA. SIGLOS I-II

Los siglos I-II corresponden a la etapa de la historia de Roma conocida tradicionalmente como Alto Imperio. Es uno de los periodos de mayor esplendor de la propia ciudad de Roma y también de la colonia de Carthago Nova. Este apogeo tuvo su reflejo en el área del Molinete en la construcción de una nueva trama urbana definida por calles pavimentadas con losas poligonales y un considerable conjunto de edificios alzados entre inicios del siglo I y comienzos del II. Dichas construcciones tenían diferentes usos y funcionalidades, siendo tanto privados –viviendas del tipo *domus* con atrio– como públicos y semipúblicos: foro, termas, santuarios... La monumentalidad de los vestigios arquitectónicos preservados y la riqueza de sus programas decorativos asociados representan uno de los principales atractivos del museo y su área arqueológica vinculada. En tres vitrinas se expone una selección de materiales arqueológicos procedentes de la excavación del Foro de la colonia, el santuario de Isis, las Termas del Puerto y el Edificio del Atrio.

Fragmentos de una estatua militar (*thoracata*)
Mármol blanco
Primera mitad del siglo I

Estos seis fragmentos proceden de diversos puntos del área del Molinete. Sin embargo, considerando la movilidad que los fragmentos de estatuas tuvieron por toda el área en la Antigüedad Tardía, puede plantearse, si quiera a modo de hipótesis, que todos perteneciesen a una única escultura. A esta podría corresponder un séptimo fragmento hallado en 1907 al realizar los cimientos del Gran Hotel, en la calle del Aire, esquina con Jara. Este último fragmento muestra parte de una coraza militar decorada con una cuadriga del dios Sol que surge del mar tirada por caballos, por lo que se puede asociar a una estatua de Nerón, que se representaba a sí mismo con los atributos de este dios.

De esta forma, y si todos los fragmentos corresponden a una misma escultura, podrían pertenecer a una evocación militar (estatua *thoracata*) de Nerón, decorada en el pectoral de la coraza con una representación de la cuadriga de Helios saliendo del mar.

Marmor Numidicum (caliza brechada de Chemtou, Túnez)
Años 14-19

La lectura y desarrollo del texto del epígrafe es:

[Germanico]
[Caesari]
[Ti(beri) Aug]usti · f(ilio)
[Divi Aug]usti · n(epoti)
[Divi Iuli p]ro · n(epoti)
[augur(i) ? flam]ni[i]
[Augustali ?]
[co(n)s(uli) II imp(eratori) II ?]
- - - - - -

La traducción sería: *A Germánico César, hijo de Tiberio Augusto, nieto del divino Augusto, bisnieto del divino Julio, augur, flamen augustal, dos veces cónsul, dos veces emperador.*

El nombre de Germánico Tiberio puede corresponder tanto a Germánico (15 a.C.-19) como a Druso (15/14 a.C.-23). Sin embargo, como la persona homenajeada era *flamen Augustalis* —sacerdote dedicado al culto a Augusto— solo puede ser Germánico, que recibió el flaminado —uno de los sacerdocios más prestigiosos de Roma— a la muerte del emperador Augusto en el año 14.

Dado que Germánico obtuvo la condición de *flamen Augustalis* en septiembre del año 14, el epígrafe se podría fechar entre el otoño del año 14 y el otoño del año 19. Sin embargo, la inscripción es posterior a la elección de su segundo consulado, por tanto, esa horquilla se reduciría al intervalo que va de enero del año 18 a octubre del año 19.

GERMANICO
CAESARI
TI·AVGVSTI · F
DIVI·AVGVSTI·N
DIVI·IVLI·PRO·N
AVGVR·FLAM·IN
AVGVSTALI
COS ·II·IMP·II

Inscripción honorífica dedicada a Marco Postumio
Marmor Numidicum (caliza brechada de Chemtou, Túnez)
Primera mitad del siglo I

Se trata de un epígrafe honorífico. El texto pudo decir lo siguiente:

M(arco) · Postu[mio? · M(arci)? · f(ilio)]
aug(uri) · aed(ili) · [IIvir(o) · q(uinquennali)]

Su traducción sería: *A Marco Postumio, hijo de Marco, augur, edil, duunviro quinquenal.* Los Postumio son una familia muy conocida en Carthago Nova a través de la epigrafía. Sin embargo, *Marcus Postumius Albinus* es el único miembro de esta familia que desempeñó cargos locales. Por tanto, esta placa formaría parte de un monumento público erigido en honor de este personaje al final de su carrera, es decir, después del año 22 en que, por segunda vez, fue duunviro quinquenal, es decir, el magistrado local que cada 5 años realizaba censos en el municipio. La anchura de la placa en su estado original hace pensar que formara parte de un pedestal de una estatua sedente o ecuestre.

Fragmento de posible estatua de Isis
Mármol blanco
Último tercio del siglo I – siglo II

Fragmento de escultura que conserva la pantorrilla de una pierna izquierda en posición inclinada y está envuelta por los finos y turgentes pliegues de un manto. A la derecha cae una serie de pliegues verticales, cuyo extremo inferior se abre hacia la izquierda en forma de abanico. A pesar de lo exiguo de lo conservado, la posición de la pierna y la tipología de los pliegues cayendo encuentran paralelos con un tipo de estatua de época imperial que evoca a la diosa Isis, lo cual sugiere su pertenencia a una escultura de esta diosa o de una sacerdotisa isíaca. En caso de ser una estatua de Isis, podría corresponder a la escultura de culto (*simulacrum*) del santuario.

A tenor de las dimensiones del fragmento y de la restitución propuesta, la estatua pudo tener una altura aproximada de 193 cm. La diosa se encontraría de pie y apoyada en la pierna derecha.

Inscripción dedicada a Serapis, Isis y Mercurio
Caliza micrítica
Siglo I a.C.

El texto del epígrafe dice lo siguiente:

Sera(pidi ?) · Is[idi et]
Merc[urio]
M(arcus) · Bom[bius]
- - - - - -

Se trata de una dedicación de Marco Bombio a los dioses Serapis, Isis y Mercurio. La asociación del dios romano Mercurio a los dioses helenísticos de origen egipcio Isis y Serapis es un ejemplo de sincretismo, por el que se sustituye a Anubis por esta divinidad debido a que ambos eran los encargados de llevar las almas de los muertos al otro mundo.

La lectura de la inscripción sólo es posible gracias a los testimonios del culto de Isis y Serapis ya conocidos en esta misma zona del Molinete. De aquí procede un epígrafe dedicado a Isis y Serapis, que podría ser un pequeño dintel o un soporte para ofrendas ubicado en su propio templo y cerca de aquí. En un solar de la calle Jara, apareció en 1897 un pequeño altar cilíndrico dedicado a Serapis por un tal Marcus Brosius. Tanto nuestra inscripción como estas otras dos debieron estar ubicadas en el templo dedicado a estas divinidades de carácter mistérico.

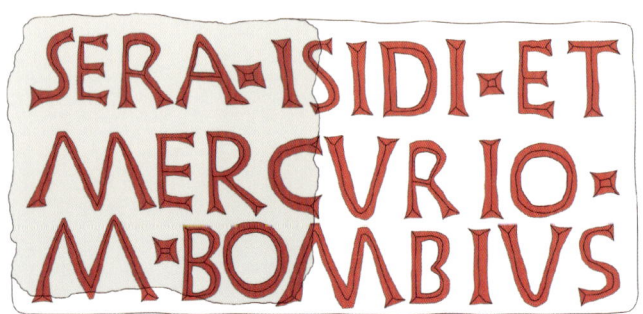

Lucerna con los bustos de Isis y Serapis
Cerámica
Siglo III

Lucerna decorada con los bustos de los dioses Isis y Serapis. En un primer plano se ve el rostro del dios que, siguiendo modelos helenísticos, incorpora rasgos de Zeus y de la divinidad infernal Plutón; de esta forma, aparece barbado y con espesa cabellera. Sobre su cabeza porta uno de sus atributos más icónicos, el *kalathos*, cesta de recolección de cereales relacionada con la fertilidad de la tierra. Tras él, está el rostro de Isis, su pareja, con su característico tocado de la diosa Hathor compuesto de disco solar entre cuernos de vaca.

Se trata de un tipo iconográfico ptolemaico recreado en época romana, al menos, desde época flavia (finales del siglo I) y con mayor intensidad durante las dinastías antonina y severa (siglo II). Recordemos, a este respecto, que algunos emperadores se muestran como decididos seguidores de los cultos alejandrinos, como Caracalla de quien conocemos su condición de *Philosarapis*, es decir, devoto de Serapis.

Lucerna con la representación de Harpócrates
Cerámica
Mediados del siglo I

Junto a las representaciones de los dioses Isis y Serapis eran también habituales las de su hijo Harpócrates, el *Horus* ptolemaico, que puede reconocerse en esta lucerna de volutas. La divinidad aparece como niño de perfil, desnudo, sentado sobre una posible piel de león y cobijado por la sombra de un tallo frondoso propio de las riberas del Nilo. Frente a él se distingue un pequeño cesto o sítula. Suele aparecer con un dedo junto a la boca, rasgo iconográfico que en el antiguo Egipto definía a los infantes, y que en el mundo latino se toma como interpelación al silencio que ha de presidir los oficios sacerdotales. Habitualmente se trata del dedo índice de la mano derecha y no de su izquierda, como ocurre en nuestro ejemplar.

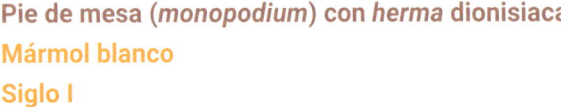

Pie de mesa (*monopodium*) con *herma* dionisiaca
Mármol blanco
Siglo I

Pie vertical de mesa del que se conserva parte del pilar de mármol y de la cabeza (*herma*) que lo remataba; en concreto, se aprecian los rizos sobre los hombros y el arranque del cuello. Las caras anterior y posterior son lisas, siendo la primera más ancha; los laterales están rebajados de modo que la sección del pilar tiene forma de T. En el tercio superior se localizan tres orificios con restos de pernos metálicos: uno en la parte superior para anclar el tablero (*abacus*) al soporte y dos en sus laterales para sustentar los brazos de la *herma* que serían simples "muñones". La *herma* debió representar posiblemente a un joven Dioniso o a Ariadna.

Este pie perteneció a un *monopodium*, pequeña mesa de carácter auxiliar que situada contra la pared era muy común especialmente en los *triclinia* o comedores. Cabe la posibilidad de que la mesa presentara un pie rectangular más ancho y un pequeño capitel en el que apoyaría directamente el tablero.

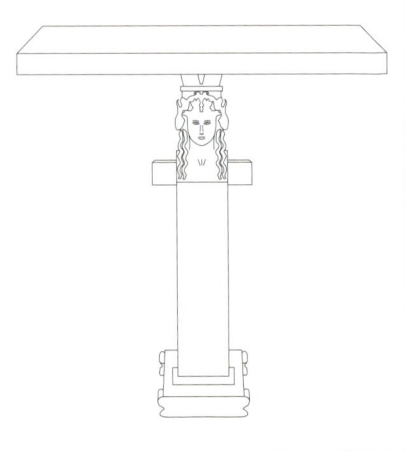

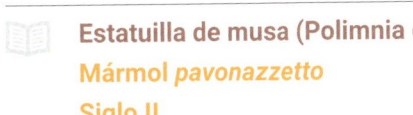

Estatuilla de musa (Polimnia o Calíope)
Mármol *pavonazzetto*
Siglo II

Estatuilla femenina de pie, completamente envuelta en un manto. La cabeza era una pieza trabajada aparte y se engarzaba en la oquedad oblonga situada en el cuello.

Esta escultura era una reinterpretación de pequeño formato de modelos helenísticos usados para la representación de musas, muy copiados y reelaborados en época romana en todo tipo de soportes. El tipo y la iconografía de la estatuilla hacen pensar en las musas Polimnia y Calíope, que suelen representarse siempre envueltas en su manto; no obstante, la disposición del brazo derecho y la leve torsión del cuerpo recuerdan más a la primera, musa de la pantomima.

Especialmente en el siglo II, esta clase de estatuas sirvió para decorar espacios públicos o lujosas villas.

Fragmento de panel pictórico con *titulus* griego inciso
Pintura mural
Siglo II

Fragmento que conserva cinco renglones de un texto griego que formó parte del Edificio del Atrio. Los tres renglones superiores están enmarcados arriba y abajo por líneas horizontales, algo torcidas y separadas entre sí. En opinión de Titomthy J. G. Whitmarsh, el texto conservado se lee así:

Ευρ]ύπυλος λέγι ὃς κὲ Ἀ[....
λέγουσιν ἃ θέλο[υσιν
λεγέτωσαν· οὐ †μελ{ισ}ο{υα}

(σὺ) φίλι μ]ε, συνφέρι σοι· ταυ[τα
5 (προσ)έγ]ραψα ΣΓ

La traducción sería:

Eurypylos, también conocido como A[...], dice:
Dicen lo que quieren;
Deja que lo digan, me da igual

Venga, ámame, te hace bien (esto
lo añadí yo, SG)

El texto reproduce un dicho griego muy popular en el mundo greco-romano, a juzgar por el hecho de que se han encontrado ejemplos en los sitios más diversos, desde *Aquincum* (Budapest) hasta Bagdad. La máxima se conoce en dos versiones, una corta, y otra más larga, a la que pertenece probablemente el ejemplo de Cartagena.

Hay dos importantes diferencias por las que el texto de Cartagena contrasta con los demás ejemplos conocidos hasta ahora. La primera es que todos ellos, sin excepción, se habían grabado en gemas, mientras que este es el primero que se encuentra inciso en una pared. Y la segunda es que no sólo reproduce el dicho, sino que se nombra por primera vez el nombre de su autor: Eurypylos quien, sin embargo, es un desconocido.

CARTHAGO NOVA/QART HADAŠT. SIGLOS III-I A.C.

En un enclave privilegiado del sureste ocupado por íberos que probablemente mantenían contactos con griegos y púnicos, el general cartaginés Asdrúbal fundó en 229/228 a.C. la ciudad de Qart Hadašt, que se convirtió en la capital del protectorado político-militar cartaginés en Iberia. Debido a su puerto natural excepcional, fue base de la flota cartaginesa y un activo emporio comercial. Planificada como ciudad helenística, fue dotada de imponentes murallas. La ciudad púnica, así como la ocupación previa, es escasamente conocida por las fuentes arqueológicas. Sin embargo, dan buena cuenta de ella las fuentes escritas, de entre las que destaca especialmente la descripción de la ciudad de Polibio de Megalópolis.

El carácter estratégico de la ciudad y la riqueza de sus minas de plomo y plata atrajo la atención de la República de Roma. Fue conquistada por el general Escipión el Africano en el 209 a.C. en el curso de la Segunda Guerra Púnica. Con una población muy helenizada formada por marineros, artesanos, obreros y gran cantidad de itálicos, la Carthago Nova romana se convirtió en una de las ciudades más importantes del Mediterráneo y mantuvo estrechas relaciones con Italia y Oriente. En este periodo se acometió una intensa reurbanización de la colina del Molinete, con la construcción en su cima de una muralla acasamatada y de un amplio santuario con terrazas quizás asociado a divinidades orientales.

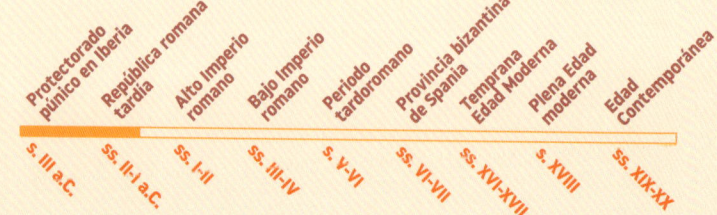

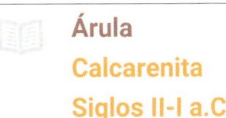

Árula
Calcarenita
Siglos II-I a.C.

Árula o pequeño altar de tipo doméstico de piedra calcarenita estucada y con restos de policromía blanca y roja. El *focus* (parte superior o coronamiento) muestra una cavidad biselada donde se manipulaban las ofrendas. La parte central estaba decorada en damero realizada con la técnica del hueco relieve.

Se trata de un árula doméstica empleada para la realización de rituales de índole cotidiano, como libaciones ofrecidas a los dioses penates, que estaban asociados a la protección del fuego del hogar y la despensa de la casa. Los penates eran venerados en el momento del banquete en el que se unían todos los habitantes de la casa para dar gracias por la comida y la bebida que iban a ser ingeridas, mediante la ofrenda en el fuego de una pátera llena de sal y harina.

Opérculo con sello
Argamasa.
Siglos II-I a.C.

Este fragmento de opérculo o tapón de ánfora estaba elaborado con mortero de cal. Las ánforas como recipientes de transporte solían contar con un elaborado y concienzudo sistema de cierre para su perfecto sellado e impedir así el derrame del contenido. En primer lugar, solían llevar una tapadera de cerámica que estaba situada en la zona media del cuello. Posteriormente, sobre esta, se solía colocar un cierre hermético que asegurase un mejor sellado; no solo se confeccionaba en argamasa, sino que también podía estar elaborado con resina, pez o cualquier otra sustancia fraguante. Es frecuente que este tipo de tapones presenten sellos impresos por lo que, en muchas ocasiones, se puede identificar bien a los propietarios de la mercancía, bien a sus envasadores. En este caso, el opérculo se encuentra bastante fragmentado por lo que solo es posible leer las letras OFF, abreviatura de *officina* (taller) sin que haya quedado rastro alguno del nombre de los *negotiatores* o comerciantes, lo que hace imposible su identificación.

Antefija con gárgola en forma de cabeza felina
Terracota.
Siglo I a. C.

Fragmento de antefija con gárgola en forma de cabeza de león, es decir, se trata de un elemento decorativo que se colocaba en el extremo inferior de las tejas situadas en los bordes de los tejados de los edificios.

Se conserva la mitad derecha, faltando la izquierda y la parte inferior. El felino presenta la boca abierta. Destaca la configuración del hocico, donde se han marcado los pliegues. El glóbulo ocular era pieza trabajada aparte y está inserto en la cuenca del ojo. Se conservan los dientes incisivos delanteros y el colmillo diestro. Los pómulos lisos y el ceño fruncido aportan al rostro su peculiar fiereza, acentuada por los pliegues del hocico.

La parte posterior es lisa y tiene forma redondeada para enlazar con la línea de cubrejuntas del borde del cobertizo, y para ajustar el tubo de desagüe.

Fragmento de vaso de figuras rojas
Cerámica.
Años 530-350 a.C.

Fragmento de vaso de figuras rojas en el que se puede observar la parte inferior de una figura humana hacia la izquierda vestida con *chiton* jónico –túnica larga hasta los pies– e *himation* o manto que se llevaba por encima del *chiton*. Aparece un trazo vertical a la siniestra de este personaje que puede interpretarse como un cayado, tal vez portado por esta figura.La ejecución de estas obras era un proceso muy cuidado que requería de gran maestría, además del necesario trabajo en equipo de alfareros y pintores.

En cuanto a la decoración, los maestros pintores eran los encargados de establecer el esquema preliminar y de dibujar las escenas, así como los detalles anatómicos y del vestido con líneas de barniz más diluido o con otros colores como el rojo y el blanco. Después marcaban el contorno de las figuras con una banda ancha. A continuación, los aprendices terminaban de rellenar el fondo negro con barniz y realizaban las ornamentaciones secundarias situadas en pie, asas y borde de la vasija.

LAPIDARIO

Regresando sobre nuestros pasos volvemos a caminar por la calle enlosada en dirección al exterior del museo, pero podemos hacer un alto en el lapidario en donde se expone el material arquitectónico y epigráfico de formato medio y grande correspondiente a los programas arqui-tectónicos, ornamentales y conmemorativos del foro de la colonia y otros edificios públicos o semipúblicos consta-tados en el área del Molinete.

Capitel de pilastra
Travertino
Siglos I-II

Bloque de travertino correspondiente al remate superior de un ático o zona superior que a modo de pilastra decoraba una fachada; concretamente, el ángulo izquierdo de la construcción. Resulta complicado adscribir este elemento arquitectónico a un edificio concreto ya que se recuperó en la cimentación de un muro de época moderna. En cualquier caso, pudo formar parte de una portada, arco o fachada monumental, organizada en varios cuerpos, a cuyo ático corresponde el coronamiento que nos ocupa.

Losas con parte de una inscripción de letras áureas
Caliza micrítica
Primera mitad del siglo I

Estas losas pertenecen al tipo de inscripciones con letras áureas (*litterae aureae*) que fueron colocadas en algunos pavimentos de los foros. Precisamente por tratarse de inscripciones que habían de ser pisadas por los viandantes, la técnica empleada para construir este tipo de inscripciones consistía en grabar en las losas la forma exacta de las letras a una profundidad equivalente a la del grosor de las piezas a emplear. Sobre estos huecos se vertía plomo líquido y se clavaban encima las letras mediante clavijas traseras.

En una de ellas (1) se observan las letras *AP*, que podrían corresponder al nombre de dos personajes importantes en Carthago Nova: *Caius Appuleius*, que probablemente fue flamen conventual en el siglo I, o *Caius Laetilius Apalus*, un duunviro quinquenal de la ciudad también del siglo I. En la otra losa (2) se lee *CELE*, que debe corresponder al *cognomen* o sobrenombre familiar Celer. Desconocemos el personaje que pudo pagar este pavimento pues no tenemos evidencia en Carthago Nova de ningún magistrado de esta familia. Sin embargo, esta *gens* es muy conocida desde las últimas décadas del siglo I a.C. en el sureste de la península ibérica.

(2)

EL CONJUNTO ARQUEOLÓGICO DEL BARRIO DEL FORO ROMANO

Una vez contemplado el lapidario, salimos del museo para continuar con la visita a través del área arqueológica del llamado Barrio del Foro Romano. Se trata de un amplio espacio perfectamente delimitado, vallado y protegido, de unos 14.000 m^2 de extensión y al aire libre o con cubiertas arquitectónicas, donde los bienes arqueológicos documentados se exhiben mediante el refuerzo interpretativo proporcionado por una serie de recursos museográficos que permiten comprender mejor cómo se

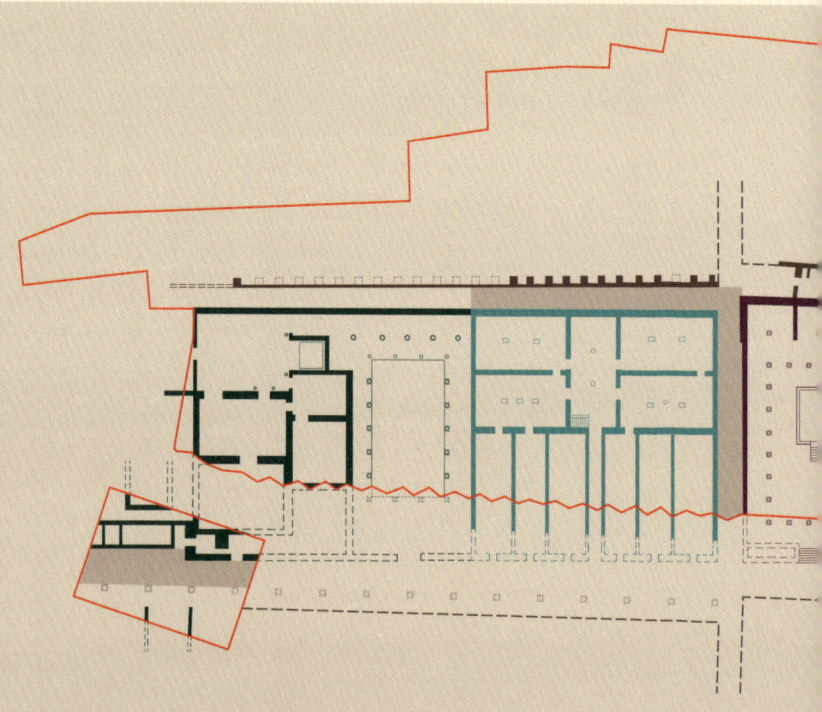

- ● Edificio del Atrio / Atrium Building
- ● Termas del Puerto / Harbour Baths
- ● Santuario de Isis y Serapis / Sanctuary of Isis and Serapis

- ● Kardo y decumanos / Kardines and decumani
- ● Otros restos arqueológicos / Other archaeological ruins
- — Límite de la excavación / Excavation boundary

- ● Casa del Peristilo / House of the Perystile
- ● Foro de la colonia / Colonial Forum
- ● Curia / Curia

articulaba la ciudad romana y, en concreto, el área del foro y sus barriadas circundantes. La visita al área arqueológica, se concibe como las últimas piezas a mostrar en este museo.

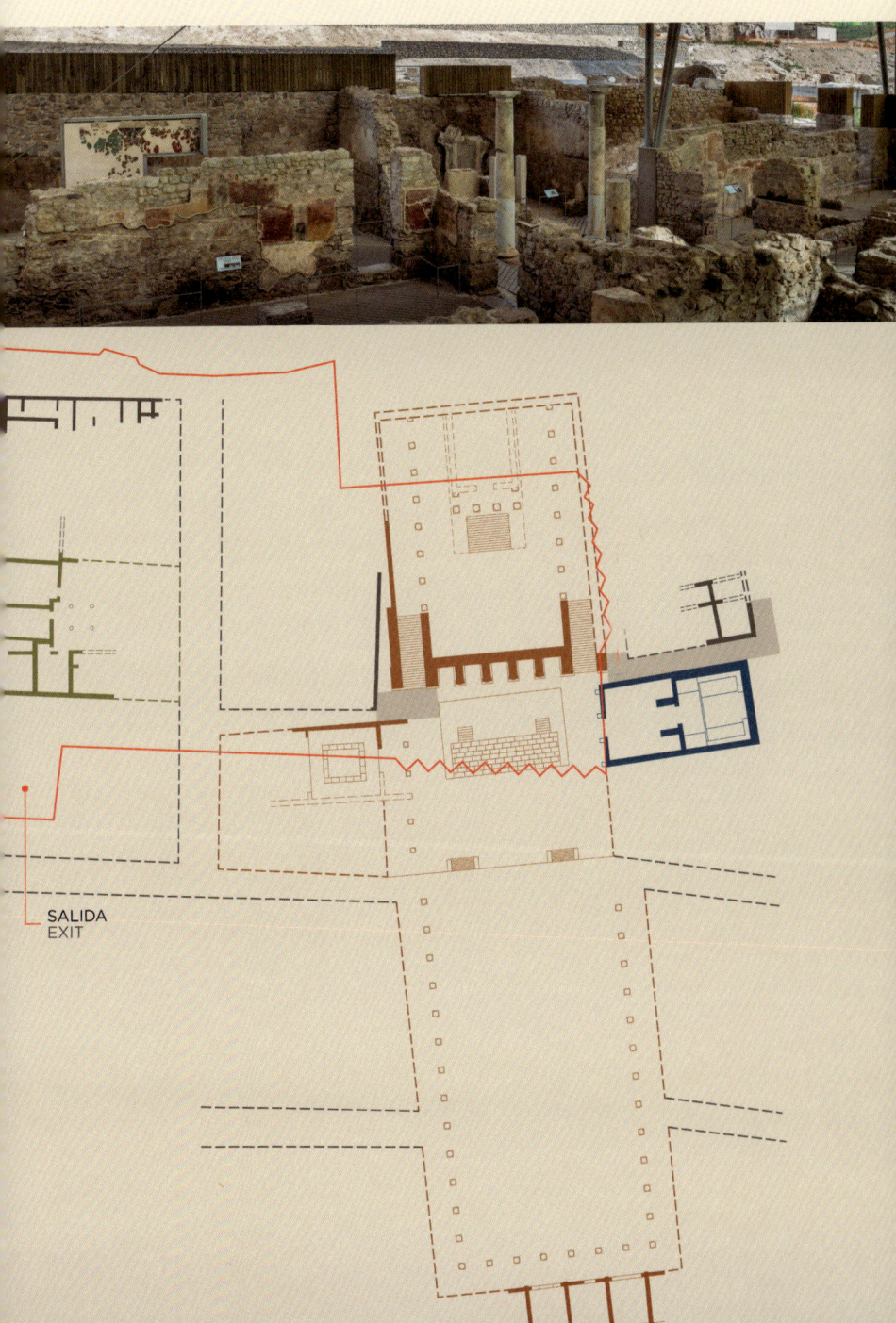

SALIDA
EXIT

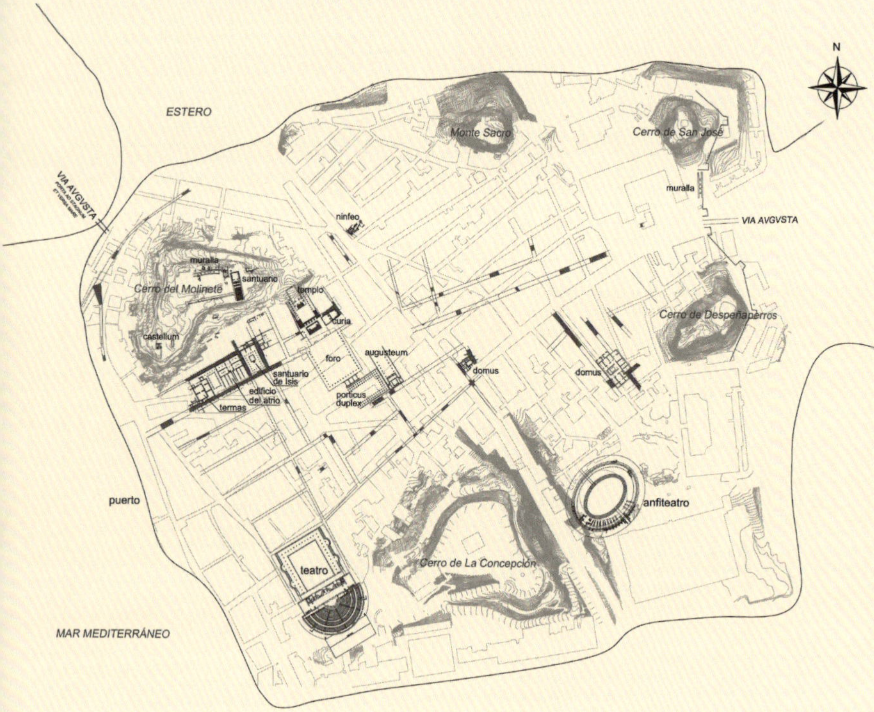

Topografía arqueológica de la ciudad de
Carthago Nova a finales del siglo I.

Topografía arqueológica del cerro del Molinete y
su ladera sureste a finales del siglo I.

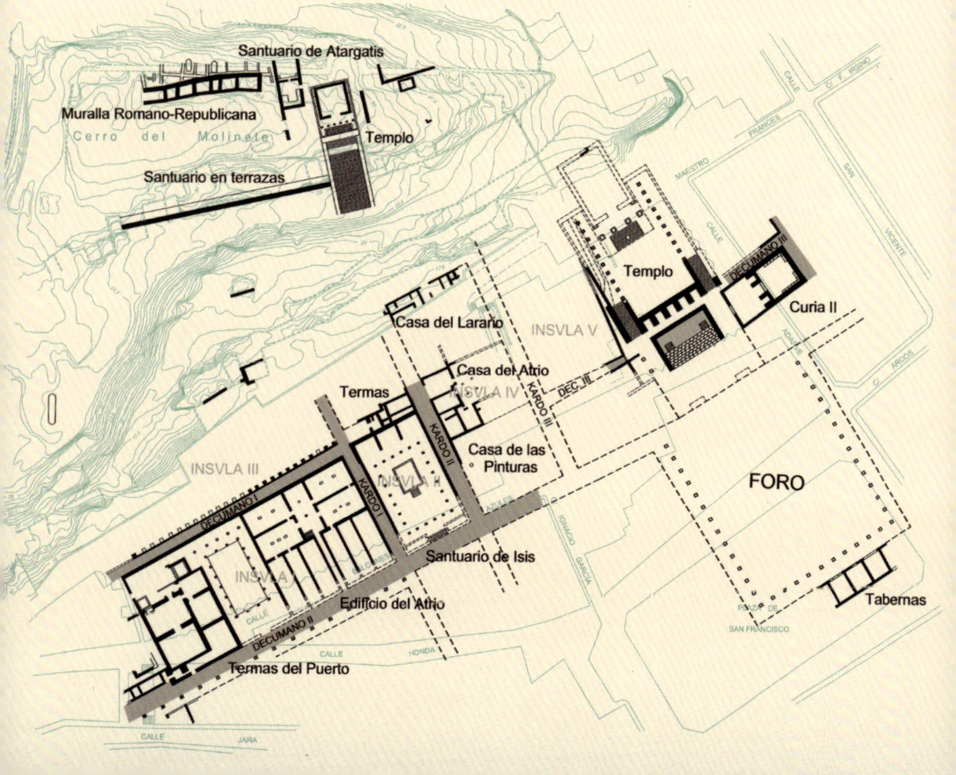

FORO DE LA COLONIA

Al salir del museo entramos en la terraza intermedia del foro de la ciudad, es decir, la principal plaza pública de la ciudad donde se encontraban el templo de culto imperial y los edificios administrativos y se realizaban los homenajes de la colonia y sus instituciones al emperador, los miembros de la casa imperial, los prohombres del Estado y los miembros destacados de la élite local.

El complejo se estructuraba en tres niveles, trasposición de la jerarquía existente entre lo humano y lo divino. La terraza superior debió albergar un templo, posiblemente dedicado al emperador, que debió ser de orden gigante. Esta terraza estaba contenida por un gran muro flanqueado por escaleras monumentales, delimitadas por potentes antas, que permitían el acceso desde el nivel intermedio al superior. El muro estaba reforzado por cuatro grandes contrafuertes de arenisca que pudieron servir también de pedestales para estatuas ecuestres. En la terraza intermedia, en la que nos encontramos, se debieron situar los principales edificios de la administración, como el erario, el archivo, la sede de los duoviros, de los ediles y cuestores, o la curia, entre otros. En el centro de la plaza se construyó un gran basamento de más de 12 m de anchura con planta en forma de letra pi griega (π). La estructura se levantó con grandes bloques de

arenisca y *opus caementicium* –hormigón romano–, forrado con mármol *bardiglio*, procedente de la región de Carrara (Italia). El pavimento que se encontraba entre sus antas también se realizó con grandes losas de mármol, idénticas a las del revestimiento anterior. Dicho basamento pudo servir para celebrar reuniones, hacer arengas y exponer estatuas honoríficas. De la terraza inferior, que corresponde más o menos con la plaza de San Francisco apenas tenemos datos; tan sólo, una plaza porticada rodeada de edificios entre los que debía encontrarse la basílica, destinado a impartir justicia. La construcción del foro se produjo a finales del siglo I y para ello se expropió y derribó un barrio de época republicana fechado en el siglo II a.C.

CURIA

A través de una puerta metálica accedemos a la curia o sede del *ordo decurionum*, es decir, el edificio donde se realizaban las reuniones del Senado local. El conjunto se construyó a finales del siglo I y previamente se derribó otro anterior, fechado a mediados del siglo I a.c. que también contaba con un *aula* pavimentada con piezas de mármol, que así mismo pudo funcionar como sede del Senado de la colonia.

La curia estaba compartimentada en dos espacios principales: el atrio y el aula. La primera sala era un patio cuadrangular, quizás porticado y cuyas paredes estaban decoradas con pinturas. La mayoría de los restos arqueológicos que se pueden observar pertenecen a la antesala de ese edificio primigenio del siglo I a.C.

El aula era la estancia principal del edificio, donde se reunían los senadores locales, por lo que estaba ricamente decorada con mármoles. El suelo estaba decorado con un pavimento de *opus sectile*, es decir, realizado con losas de piedras, normalmente mármoles, de distintos colores, ensambladas formando composiciones geométricas. Este

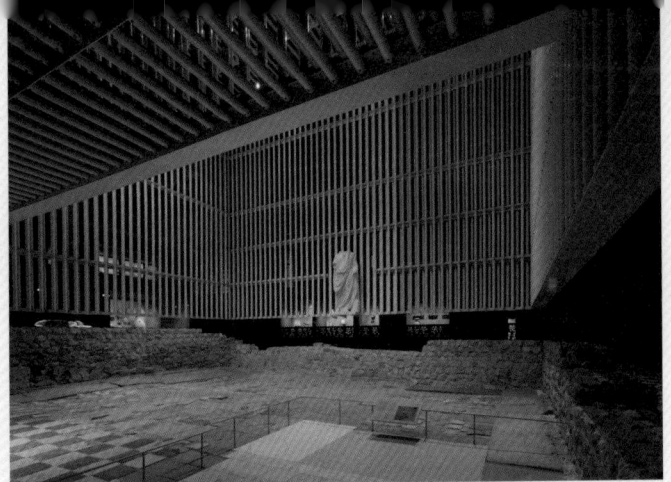

suelo definía dos ambientes. El primer espacio, a modo de vestíbulo, presentaba un damero bícromo en mármol blanco y caliza negra y estaba flanqueado por espacios enlosados con piezas reutilizadas de diferentes tamaños y mármoles. El segundo era el lugar donde se sentaban los decuriones o senadores y estaba solado con diferentes motivos que diferenciaban el lugar de los asientos y el espacio donde realizar los discursos. Las paredes estuvieron revestidas con diversos mármoles, de los que apenas se han conservado parte del zócalo de uno de los muros. Además, contaban con nichos que pudieron alojar esculturas como la estatua togada del emperador Augusto que cuelga de la estructura que, a modo de baldaquino, reproduce la altura de la sala.

EDIFICIO DEL MOSAICO

En el lado opuesto de la plaza, enfrentado a la curia, hay otro edificio de carácter público fechado hacia finales del siglo III del que solo se ha podido excavar el atrio. Se levantó sobre los restos de otro edificio anterior construido en la fase inicial del foro. Por la fecha de la construcción podríamos asociar este edificio al nombramiento de Carthago Nova en el año 298 como capital de la provincia *Carthaginiensis* por parte del emperador Diocleciano.

A pesar de estar construido con materiales más pobres que el original, el suelo del atrio destaca por las técnicas utilizadas. Esta habitación se pavimentó con un mosaico realizado con grandes teselas, donde una cenefa compuesta por motivos geométricos imbricados –octógonos y cuadrados – contornea una banda realizada con grandes losas en travertino rojo que, a su vez, delimita un espacio central pavimentado con un *opus scutulatum*, es decir, un suelo de cemento romano decorado con placas de mármol de diferentes formas y colores.

CRIPTA

Delante del Edificio del Mosaico encontramos una gran
estructura subterránea, que formó parte del hipotético podio de un templo de la primera época imperial perteneciente
a la primera fase del foro, construida con grandes bloques
de piedra arenisca, compuesta por tres cuerpos de planta
rectangular con cubierta plana. Dos de ellos se disponen en
paralelo con dirección norte-sur y están conectados a través
de un vano con arco de medio punto; el tercero, al norte de
los dos anteriores, se encuentra en posición perpendicular,
abarcando la anchura de ambos y conecta a través de vanos
rectangulares. No se conservan restos de mortero hidráulico
en los muros, ni tampoco en el suelo, que se impermeabilizó
simplemente con una capa de láguenas grises, colocadas
sobre el terreno natural, correspondiente igualmente a es-
quistos impermeables. Pudo ser un criptopórtico destinado
a servir de erario, almacén o cárcel.

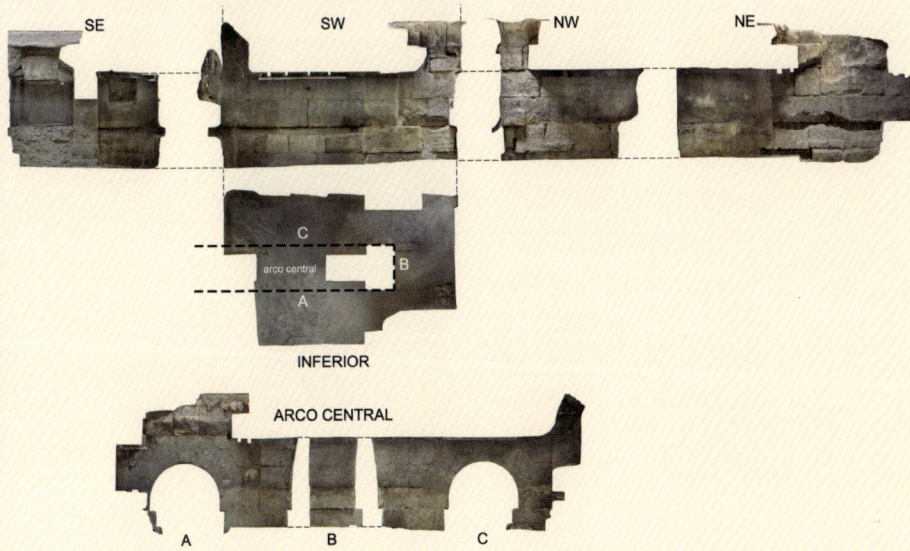

SE · SW · NW · NE

C
arco central · B
A

INFERIOR

ARCO CENTRAL

A · B · C

CARDO II

Salimos del foro a través de una senda que conduce a un
área de descanso cubierta con fibras vegetales y la tienda
del parque arqueológico. Desde aquí se accede a una calle

enlosada, denominada *cardo* II, que separa la *Insula* IV de la *Insula* II. La primera de estas manzanas estaba formada por al menos tres casas de grandes dimensiones y la segunda estaba ocupada por un santuario dedicado a los dioses Isis y Serapis y unas pequeñas termas. Esta calle alternaba rampas y tramos de escalera, que permitían alcanzar la cima del cerro donde se levantó un santuario romano en el siglo II a.C., en cuyo interior existía un pequeño edificio dedicado a la diosa siria Atargartis.

INSULA IV. *DOMUS* DEL ATRIO

A mano derecha del tramo recuperado de esta calzada encontramos una gran puerta que da acceso a la *Domus* del Atrio, una de las viviendas de la *Insula* IV construida a finales del siglo I. Esta puerta corresponde a la entrada trasera a la casa. Las características de la habitación, la presencia de una pequeña pileta y la gran puerta hacen pensar que este espacio sirvió como cochera o caballeriza. A través de ella llegamos al patio central del edificio –atrio– que funciona como distribuidor al resto de habitaciones. Este atrio tenía cuatro columnas de ladrillo estucadas, unidas en el siglo III por un pequeño zócalo de mampostería estucado en blanco.

Debido a que la vivienda no está excavada en su totalidad y no se han encontrado útiles o restos de muebles en su interior, es muy difícil conocer el uso de las distintas estancias. La única habitación que ha aportado suficiente información es la que se encuentra al final del recorrido, que conserva un suelo de *opus signinum* decorado con un complejo motivo geométrico realizado con teselas blancas y negras. En una de sus esquinas, junto a la puerta, había un pequeño habitáculo pavimentado con mortero y abierto al atrio. La localización dentro de la *domus* y la conexión de ambos ambientes hacen pensar que la estancia fuera el *tablinum* o despacho del señor y que el pequeño espacio fuera el lugar donde se ubicaba el lararío.

(i) Hipótesis de reconstrucción de la Insula IV y sus casas (*domus*). En el centro de la manzana se erigía la llamada *Domus* del Atrio.

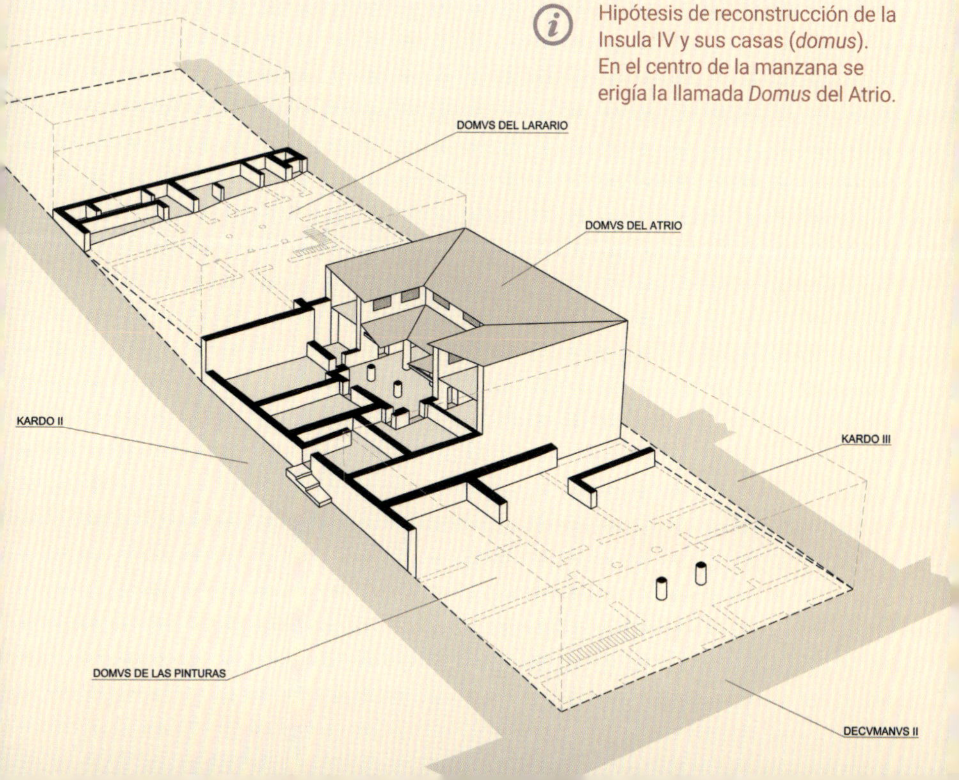

DOMVS DEL LARARIO

DOMVS DEL ATRIO

KARDO II

KARDO III

DOMVS DE LAS PINTURAS

DECVMANVS II

EDIFICIO DEL ATRIO

Volviendo sobre nuestros pasos y descendiendo por el *cardo* II llegamos a una pasarela. Continuamos por ella, pasando por delante del Santuario de Isis y el *cardo* I que luego visitaremos haciendo un recorrido circular, hasta situarnos frente al Edificio del Atrio que, junto con las Termas del Puerto, conforma la *Insula* I. El Edificio del Atrio era un edificio de unos 2000 m^2 con dos plantas al que se accedía a través de un pasillo (*fauces*) desde el llamado *decumanus* II que puede visitarse actualmente en la Plaza de los Tres Reyes. El edificio fue construido a finales del siglo I y probablemente su función fue la de alojar una corporación dedicada al culto de los dioses Isis y Serapis, es decir, una especie de hermandad religiosa que podría ser también propietaria del templo contiguo. Descendiendo por la escalera alcanzamos el pasillo que nos conduce a un atrio con columnas de basas áticas y capiteles toscanos, todo ello en mármol del Cabezo Gordo (Torre Pacheco, Murcia). En el centro del atrio se sitúa un pozo y en una de sus esquinas podemos ver el primer tramo de la escalera que subía al primer piso. Justo en el lado opuesto del pasillo (*fauces*)

encontramos una estancia abierta al patio en cuyo muro se adosa un lararo. Esta habitación debió de ser la *cella*, es decir, la habitación principal y, por ello, se decoró con pinturas que imitaban mármoles. Desde el atrio también se accede a cuatro grandes habitaciones o aulas que en su primera fase fueron totalmente diáfanas a excepción de los pilares que sustentaban los suelos de las estancias del piso superior. Estas aulas sirvieron para celebrar, entre otros, los banquetes rituales asociados al culto de Isis y Serapis.

A inicios del siglo III, el edificio se reformó. Las grandes habitaciones se compartimentaron y perdieron su función original. También fueron pintadas de nuevo con un nuevo estilo, esta vez mucho más sencillo. A mediados del siglo III, el edificio pierde su carácter semipúblico y cada una de las antiguas aulas así como las estancias de la planta superior, son vendidas y convertidas en casas, a excepción de una de ellas que se convierte en un bar o una tienda (la situada al fondo a la izquierda según se accede al atrio). A finales del siglo III debido a un gran incendio, que se inició en las Termas del Puerto, el edificio fue destruido y abandonado.

PINTURAS MURALES

Uno de los principales atractivos del Edificio del Atrio son las pinturas conservadas *in situ*. Debido a la larga vida del edificio, algo más de dos siglos, se han podido identificar en él distintos estilos pictóricos.

El primero de ellos corresponde al llamado IV estilo provincial (1) y se asocia a la fase de construcción –finales del siglo I–. Las pinturas de este estilo se estructuran en tres partes: zócalo, zona media y zona superior. Los zócalos imitan placas de mármol, mientras que la zona media está formada por una alternancia de paneles de colores delimitados por bandas e interpaneles negros decorados con candelabros dorados u otros elementos.

En la primera mitad del siglo II, algunas habitaciones como la *cella* y la situada encima de esta se redecoraron. En este caso, el estilo de las pinturas es más variado. Mientras que en la *cella* (2) se pintó con imitaciones realistas de grandes lastras de mármol, la estancia situada encima (3) se ornamentó con unas pinturas de las cuales solo se ha conservado la zona media. Sobre un fondo blanco y delimitado por

(1)

bandas rojas, se realizó una decoración formada por círculos secantes en cuyo interior se encontraban máscaras femeninas o flores cuadripétalas rodeadas de guirnaldas.

(2)

(3)

(4)

Por último, a inicios del siglo III cuando se produce la reforma del edificio, se repintaron, al menos, la mayoría de
las habitaciones de la planta inferior (4). En este caso, en
las paredes destacaban los paneles con fondo blanco
delimitados con bandas rojas. Podían alternar o no con
interpaneles también blancos decorados, en general, con
finas líneas negras. A esta fase de renovación se asocia la
recolocación de los cuadros de Apolo y las musas.

TERMAS DEL PUERTO

Volviendo sobre nuestros pasos, volvemos a la pasarela y
continuamos hacia las Termas del Puerto, construidas entre
finales del siglo I a.C. e inicios del siglo I. A este edificio se
entraba a través de un patio porticado con columnas. Estas
estaban construidas con ladrillos triangulares y estucadas
en blanco. Estaban rematadas con capiteles jónicos de arenisca, en los cuales quedan restos de policromía roja y negra.
Destacan dos columnas levantadas con técnicas diferentes:

capiteles corintios de mármol blanco de Luni-Carrara y fustes de travertino rojo procedentes de canteras cercanas (Mula, Murcia). El uso de unos materiales mucho más ricos pudo deberse a que estas se veían desde la calle, ya que se encontraban en el eje con la puerta de acceso situada en el *decumanus* II. Destacan en este patio porticado el pavimento dispuesto en la zona al aire libre realizado con ladrillos colocados en forma de espina de pez (*opus spicatum*).

Hacia finales del siglo I e inicios del siglo II, este patio experimentó una reforma. Se levantaron una serie de muros que cerraron y compartimentaron su cabecera. Estos muros fueron decorados al exterior con los zócalos de mármol y la pintura con *venator* vista en el museo. En una de estas estancias se instaló un bar (*caupona*) donde se construyó una cocina con un hogar, así como una barra en forma de L que se levantó en barro y madera de la que sólo queda su base estucada en blanco.

Continuando por la pasarela, podemos admirar varias de las estancias que formaban el propio edificio de baños.

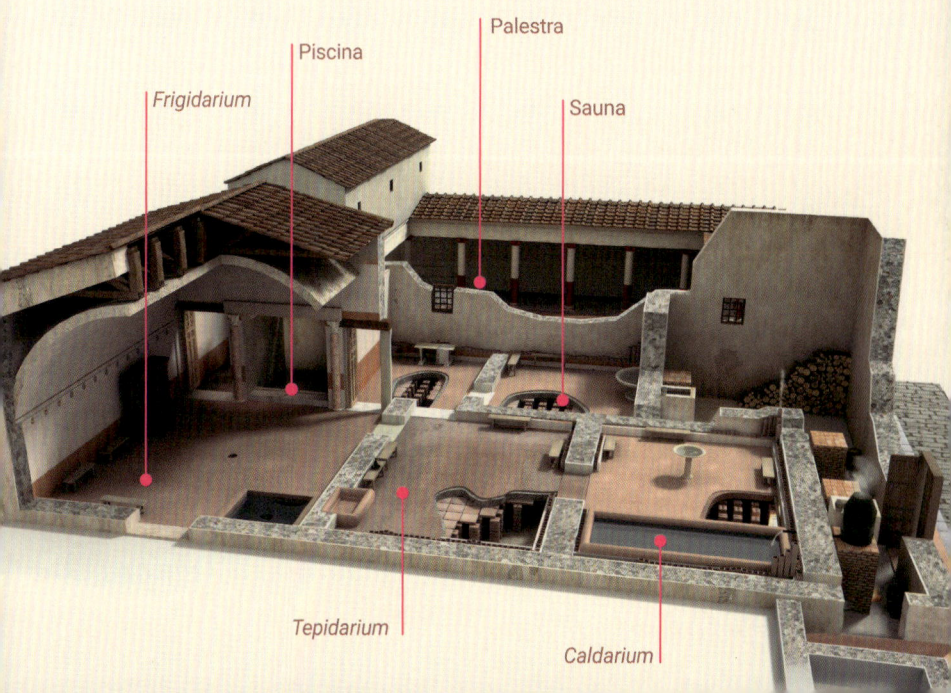

Frigidarium

Piscina

Palestra

Sauna

Tepidarium

Caldarium

Al fondo, junto al gran muro de piedra de época romana, reutilizado en diversas construcciones hasta el siglo XX, encontramos la sala de agua fría o *frigidarium*, con suelo de mármol africano y una pequeña piscina. Esta sala era la primera del recorrido y se podía entrar desde el patio porticado o palestra, cuya puerta se conserva bajo un cristal de la pasarela. Las palestras eran grandes patios de tierra porticados donde los clientes de las termas podían realizar ejercicio físico y nadar en una gran piscina.

Desde el *frigidarium* se pasaba al *tepidarium*, una gran sala calefactada sin piscina que servía para aclimatarse antes de entrar al *caldarium* o sala caliente, que se encuentra bajo la calle. Las pilastras de ladrillo que podemos observar en el *tepidarium* formaban parte del *hypocaustum*, es decir, el sistema de calefacción que permitía circular aire caliente por debajo del suelo a través de una cámara sustentada por pilas de ladrillos. El aire caliente se producía a través de una serie de hornos situados junto a la calle (se conservan en la plaza de los Tres Reyes). Cuanto más cerca de los hornos se situaba la estancia más cálida era; por tanto, el *caldarium* –situado bajo la calle actual– se situaba junto a estos. Las paredes también se calentaban a través de una serie de tuberías o ladrillos huecos por las que pasa ese mismo aire caliente. Junto al *tepidarium* se

encuentran unas salas más pequeñas que pudieron servir de sauna (*sudatio*) o zonas de paso.

Las termas se destruyeron a finales del siglo III a causa de un incendio que se inició, probablemente, en la *caupona*.

DECUMANUS I Y CARDO I

Si continuamos por la pasarela, subimos una escalera por la llegaremos al *decumanus* I, una calle enlosada con piedras de caliza en las que han quedado marcadas el paso de los carros (1). El trazado de esta calle se fecha en el siglo II a.C. De esta época se conserva la acera de arenisca que estaba porticada y se ha reutilizado en todas las reformas y repavimentaciones de la zona en época romana.

Al final de esta calle, girando a la derecha encontramos el *cardo* II que separa el Edificio del Atrio y el Santuario de Isis (2). Al igual que el *decumanus* II tiene su origen en el siglo II a.C., aunque el trazado actual es una reforma del siglo I.

Las estructuras que encontramos en el cruce formado por estas dos calles se fechan en época tardoantigua, es decir, en los siglos V-VII. La gran cisterna que hay detrás es un aljibe contemporáneo del siglo XX.

(1)

(2)

SANTUARIO DE ISIS

Descendiendo por el *cardo* I, a través de una rotura en el muro entramos en el Santuario de Isis ubicado en la *Insula* II. Este santuario tenía una planta rectangular, orientada de noroeste a sureste. Su puerta principal se abría a la misma calle que daba acceso a los edificios de la *Insula* I, es decir, el *decumanus* II. El área sacra estaba constituida por un pequeño patio porticado con columnas monolíticas con basas de plinto octogonal de tradición egiptizante. El centro del patio estaba presidido por un pequeño templo del que solo queda el podio, construido con *opus caementicium* – hormigón de época romana– revestido de placas de caliza

ⓘ En el santuario de Isis había cuatro cisternas intercomunicadas con capacidad para más de 49.000 litros de agua. El agua era un elemento esencial en la liturgia isíaca, pues todas las mañanas había que lavar la estatua de la diosa, los sacerdotes tenían que asearse a diario y los fieles la usaban también con asiduidad.

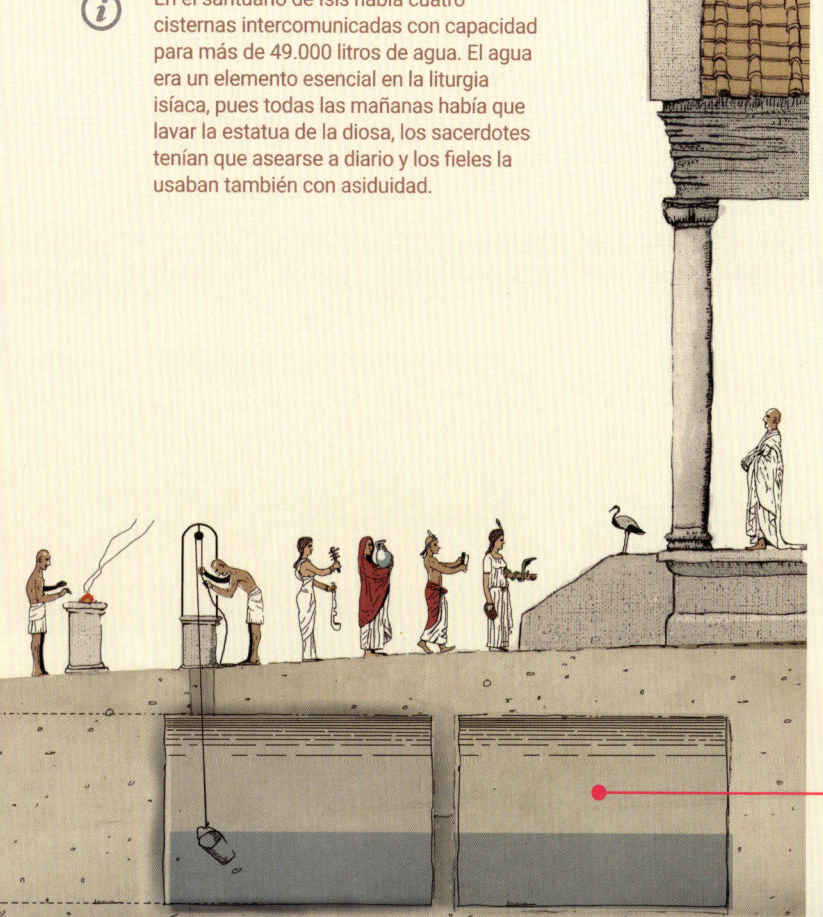

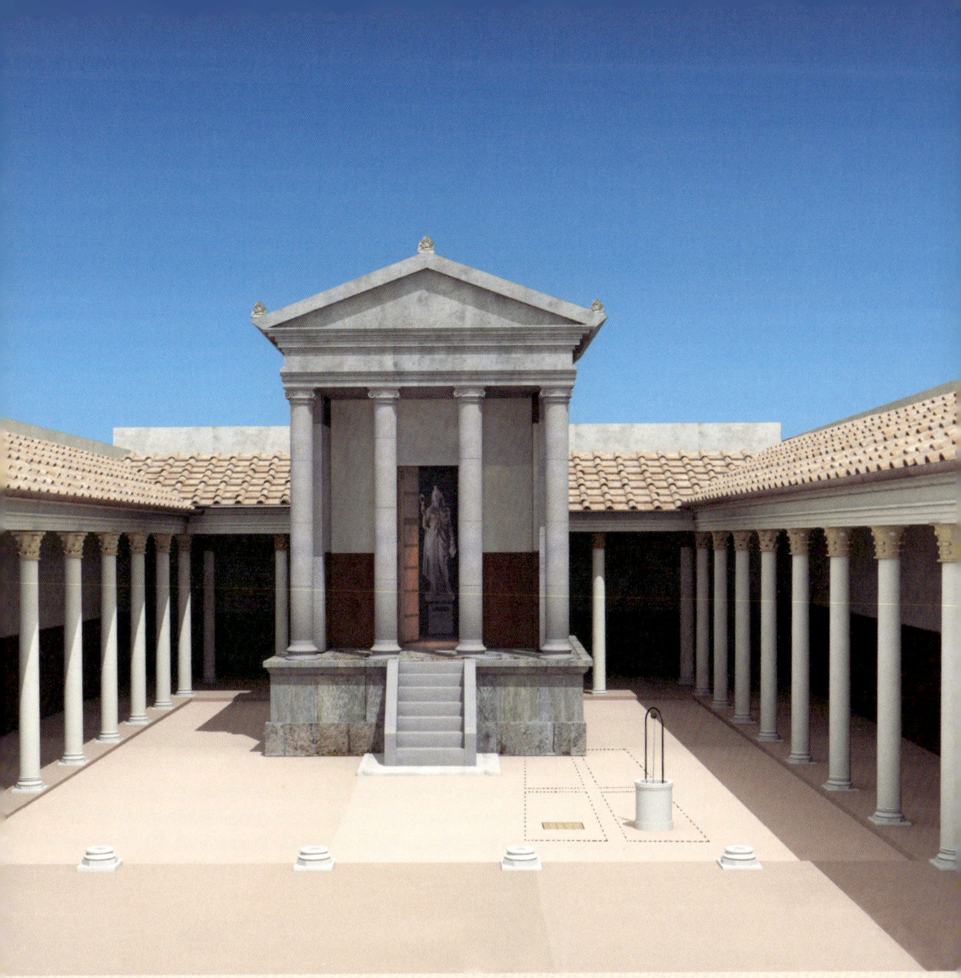

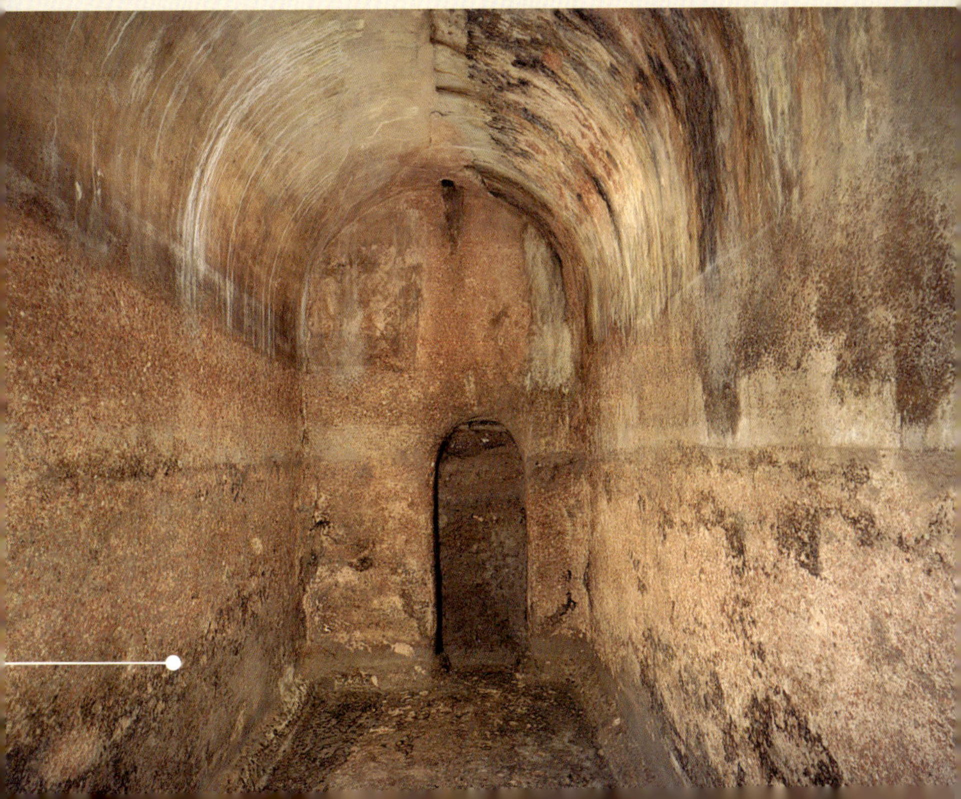

azulada. Posiblemente, su fachada estaba compuesta por cuatro columnas con basas áticas. Al fondo del santuario se hallaban tres grandes estancias o capillas, aunque una de ellas no es visible por estar ocupada por una piscina de las termas anexas. También destacan la presencia de dos parejas de cisternas subterráneas de las cuales, a través de sendos pozos, se sacaba el agua para los ritos diarios.

Los dioses Isis y Serapis se introdujeron como culto privado en el siglo I a. C. por parte de mercaderes procedentes de Oriente y, en concreto, de la isla de Delos. Posteriormente el culto isíaco recibió un cierto reconocimiento oficial, como demuestra la construcción de este santuario a finales del siglo I.

El santuario se abandonó a finales del siglo III, lo que trajo su ruina y derrumbe parcial. Hacia los inicios del siglo IV y hasta un momento impreciso de la primera mitad del V, la manzana fue reocupada por un taller artesanal dedicado a la producción de vidrio y el forjado de hierro. De esta actividad vidriera y metalúrgica queda visible uno de los hornos en la capilla central.

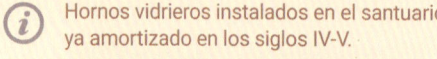

(i) Hornos vidrieros instalados en el santuario ya amortizado en los siglos IV-V.

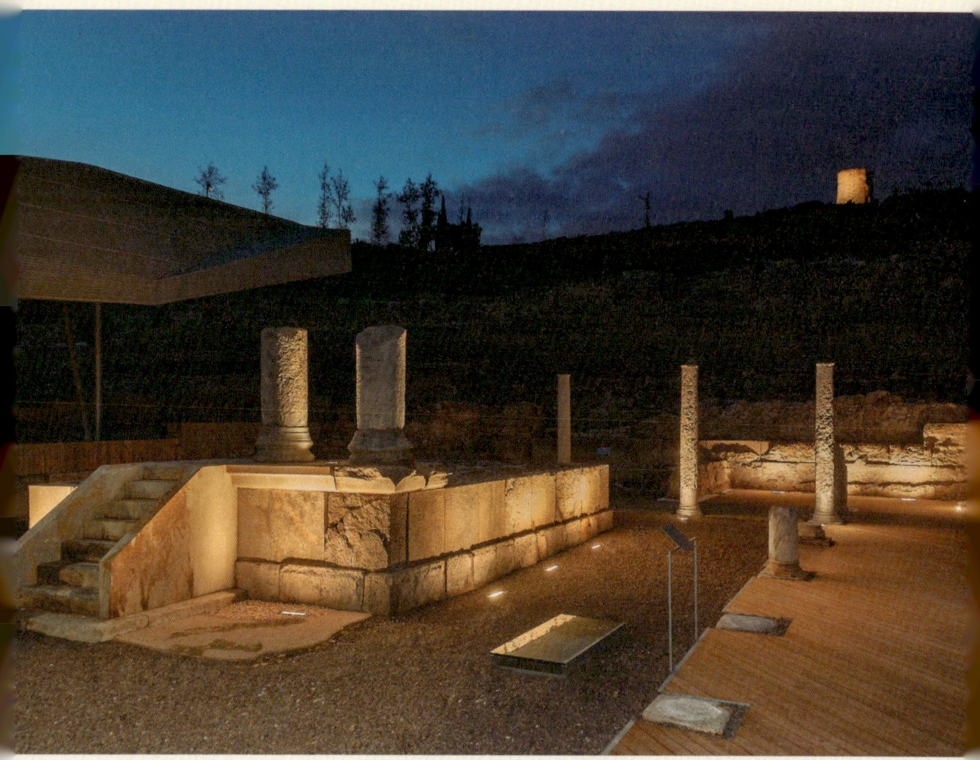

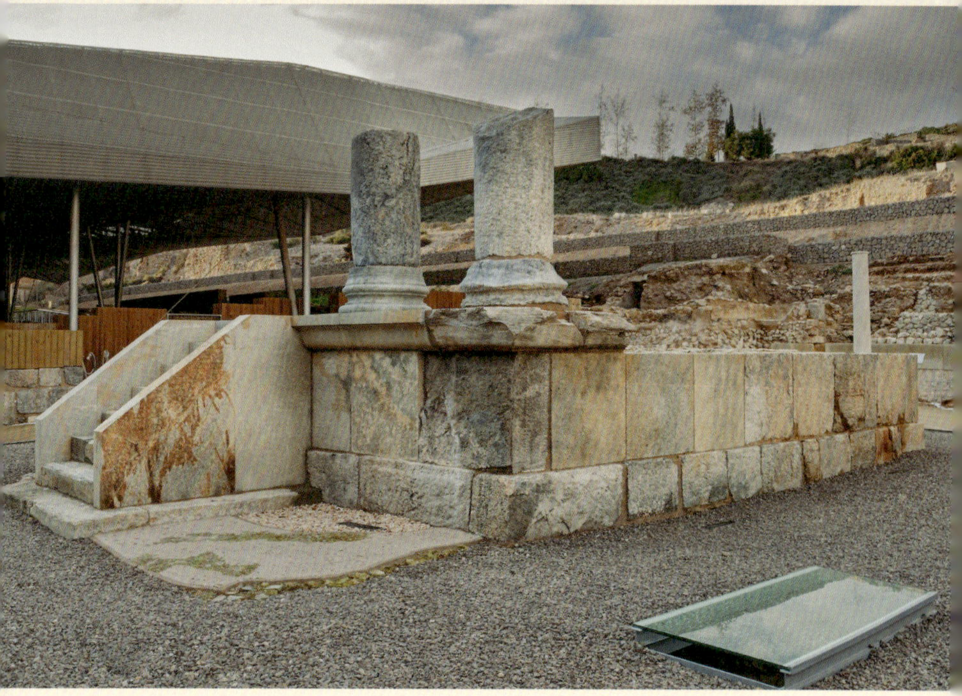

PARA SABER MÁS

EGEA, A., DE MIQUEL, L., MARTÍNEZ, M.A. y HERNÁNDEZ, R. (2006): "Evolución urbana de la zona 'Morería'. Ladera occidental del Cerro del Molinete (Cartagena)", *Mastia. Revista del Museo Arqueológico de Cartagena*, 5, 11-59.

FERNÁNDEZ, A., BRAGANTINI, I., NOGUERA, J.M., MADRID, Mª.J., y MARTÍNEZ, I. (2018): "Apolo y las Musas de *Carthago Nova*", en Y. Dubois y U. Niffeler (eds.), *Pictores per provincias II – Status quaestionis. Actes du 13ᵉ Colloque de l'Association Internationale pour la Peinture Murale Antique (AIPMA) (Antiqua 55) (Université de Lausanne, 12-16 septembre 2016)*, Basel, 655-672.

GIMÉNEZ, M., NOGUERA, J.M., MADRID, M.J. y MARTÍNEZ, I. (2011): "Proyecto Parque Arqueológico del Molinete: intervención en la cima", en *XXII Jornadas de Patrimonio Cultural de la Región de Murcia*, Murcia, 95-118.

MARTÍN, M. (2006): "La curia de *Carthago Nova*", *Mastia. Revista del Museo Arqueológico de Cartagena*, 5, 61-84.

MARTÍNEZ, J.A., NOGUERA, J.M., MADRID, M.ªJ. y MARTÍNEZ, I. (2014): "Las defensas de la Cartagena renacentista: evidencias arqueológicas recientes de las murallas de Carlos I y Felipe II", *AnMurcia*, 30, 179-204.

NOGUERA CELDRÁN, J.M. (ed.) (2003a): *Arx Asdrubalis. Arqueología e Historia del Cerro del Molinete (Cartagena)*, I, Murcia.

NOGUERA, J.M. y ABASCAL, J.M. (2003): "Fragmentos de epígrafes e inscripción con *litterae aureae* del foro y del *Augusteum* de Carthago Nova", *Mastia. Revista del Museo Arqueológico de Cartagena*, 2, 11-63.

NOGUERA, J.M., ABASCAL, J.M. y MADRID, M.ªJ. (2017): "Un *titulus pictus* con titulatura imperial de *Carthago Nova* y puntualizaciones a la dinámica urbana de la ciudad en el siglo III d.C.", *Zephyrus*, 79, 149-172.

NOGUERA, J.M., ABASCAL, J.M. y MADRID, M.ªJ. (2018): "Nuevas inscripciones romanas del Molinete (Cartagena) (campañas 2008-2017)", *Mastia. Revista del Museo Arqueológico de Cartagena*, 14, 63-101.

NOGUERA, J.M., CÁNOVAS, A., MADRID, M.ªJ., MARTÍNEZ, I. y MARTÍNEZ, A. (2010 [2013]): "Puesta en valor de la *Insula* I del Molinete (Barrio del Foro Romano): objetivos, criterios y resultados", *Mastia. Revista del Museo Arqueológico de Cartagena* (Homenaje a Pedro A. San Martín Moro), 9, 251-264.

NOGUERA, J.M., CÁNOVAS, J.M., MADRID, M.ªJ. y MARTÍNEZ, I. (2013): "Puesta en valor de la insula I del Molinete (Barrio del Foro Romano): objetivos, criterios y resultados", en *XXIII Jornadas de Patrimonio Cultural de la Región de Murcia (Cartagena, Lorca, Murcia, 2 al 30 de octubre de 2012)*, Murcia, 103-113.

NOGUERA, J.M., CÁNOVAS, J.M., MADRID, M.ªJ. y MARTÍNEZ, I. (eds.) (2016): *Barrio del Foro Romano/Roman Forum District / Molinete/Cartagena. Proyecto integral de recuperación y conservación / Recovery and Conservation. (Premio Nacional de Restauración y Conservación de Bienes Culturales 2012) (National Prize of Restoration and Conservation of Cultural Heritage 2012)*, Murcia.

NOGUERA, J.M., CÁNOVAS, J.M., MADRID, M.ªJ. y MARTÍNEZ, I. (eds.) (2019): *Santuario de Isis y Serapis (Insula II). Proyecto integral de recuperación y conservación / Roman Forum District. Molinete, Cartagena. Sanctuary of Isis and Serapis (Insula II). Recovery and conservation*, Murcia.

NOGUERA, J.M., CÁNOVAS, J.M., MADRID, M.ªJ. y MARTÍNEZ, I. (eds.) (2023): *Museo Foro Romano/Roman Forum Museum*. Molinete/Cartagena, Murcia.

NOGUERA, J.M. y MADRID, M.ªJ. (eds.) (2009): *Arx Hasdrubalis. La ciudad reencontrada. Arqueología en el cerro del Molinete / Cartagena*, Murcia.

NOGUERA, J.M. y MADRID, M.ªJ. (2014a): "The Archaeological Park of Molinete (Cartagena, Spain): a laboratory for the study of material history on the Roman colony on Carthago Nova", en J.M. Álvarez, T. Nogales e I. Rodà (eds.), *Actas del XVIII Congreso Internacional de Arqueología Clásica. Centro y periferia en el mundo clásico*, vol. II, Mérida, 1689-1693.

NOGUERA, J.M., MADRID, M.J., MARTÍNEZ, I. y CÁNOVAS, A. (2012): "La *Insula* I del Molinete. Barrio del Foro Romano, Cartagena, Murcia", *R&R. Restauración y Rehabilitación*, 116-117, 78-89.

NOGUERA, J.M., MADRID, M.ªJ., MARTÍNEZ, I., GARCÍA, V. y VELASCO, V. (2018): "Parque Arqueológico del Molinete (Cartagena): un proyecto integral de recuperación patrimonial y urbana", en *XXIV Jornadas de Patrimonio Cultural. Región de Murcia 2018* (Murcia-Cartagena, 9, 16, 23 y 30 de octubre de 2018), Murcia, 339-347.

NOGUERA, J.M., MADRID, M.ªJ., MARTÍNEZ, A. y MARTÍNEZ, I. (2017): "El Barrio del Foro/Molinete. Cartagena: investigación y transformación urbana", *Hispania Nostra. Revista para la defensa del patrimonio cultural y natural*, 27 (junio 2917), 28-33.

NOGUERA, J.M., MARTÍNEZ, I., MADRID, M.ªJ. y CÁNOVAS, A. (2015): "Barrio del Foro Romano (Molinete, Cartagena): objetivos, criterios y procesos de musealización", en J. García, I. Mañas y F. Salcedo (eds.), *Navigare necesse est. Estudios en homenaje a José María Luzón Nogué*, Madrid, 353-364.

NOGUERA, J.M., SOLER, B., MADRID, Mª.J. y VIZCAÍNO, J. (2009): "El foro de *Carthago Nova*: estado de la cuestión", en J.M. Noguera (ed.), *Fora Hispaniae. Paisaje urbano, arquitectura, programas decorativos y culto imperial en los foros de las ciudades hispanorromanas*, Murcia, 217-302.

NOGUERA CELDRÁN, J.M., MADRID BALANZA, M.J., VELASCO ESTRADA, V., GARCÍA-ABOAL, M.V. y RUIZ DE ARBULO BAYONA, J. (2024): "The Forum of Carthago Nova (Cartagena, Spain). Report of the 2017–2020 Archaeological Campaigns and New Interpretation Proposals", *Madrider Mitteilungen*, 64, 210–317. , 2024

QUEVEDO, A. (2015): *Contextos cerámicos y transformaciones urbanas en Carthago Nova (siglos II-III)*, Oxford.

RAMALLO, S.F. (2011): *Carthago Nova. Puerto mediterráneo de Hispania*, Murcia.

RAMALLO, S.F. y RUIZ, E. (1994): "Un edículo republicano dedicado a Atargatis en *Carthago Nova*", *AEspA*, 67, 79-102.

RUIZ, E. (coord.) (2001): *Patrimonio de Cartagena I*, Cartagena.

TORNEL, C. (coord.) (2001): *Patrimonio de Cartagena II*, Cartagena.

VIZCAÍNO, J. (2008): *La presencia bizantina en Hispania (siglos VI-VII). La documentación arqueológica* (Antigüedad y Cristianismo XXV), Murcia.

EDITAN
Ayuntamiento de Cartagena
Universidad de Murcia

AUTORES DE LOS TEXTOS
José Miguel Noguera Celdrán
María José Madrid Balanza
Víctor Velasco Estrada
Victoria García-Aboal
Jaime Vizcaíno Sánchez
Antonio Javier Murcia Muñoz
David Quiñonero Morales

ILUSTRACIÓN DE PORTADA
Balawat.com

FOTOGRAFÍAS
Javier García-Conde Maestre
David Frutos Ruiz
Equipo del Molinete /
© Consorcio Cartagena Puerto
de Culturas
José Luis Montero

INFOGRAFÍAS
Balawat.com

DISEÑO Y MAQUETACIÓN
José Luis Montero

IMPRESIÓN
Pictocoop

ISBN: 978-84-10172-52-4
(Universidad de Murcia)
Depósito legal: MU-491-2025
Primera edición, mayo de 2025
1.000 ejemplares

© De esta edición: Ayuntamiento de
Cartagena y Universidad de Murcia
© De los textos: los autores
© De las ilustraciones (fotografías e
infografías): los autores